rororo

«In diesem Buch kommen keine Pädagogen zu Wort, sondern Eltern und Kinder. Das ist erstaunlich genug in einer Welt, in der uns die vielen Ratgeber so verunsichert haben, dass niemand mehr unbefangen über die Erziehung der eigenen Kinder redet. Wie weit verbreitet die Sorge vor Pädagogikfehlern ist, haben wir selbst erlebt, als in einer Runde von Freunden und Bekannten das Thema Erziehung aufkam. Erst nachdem der Alkohol die Zungen löste, erzählten die anwesenden Eltern komische Erlebnisse mit ihren Kindern. Das waren Geschichten, die sie nicht immer als strahlende Pädagogikhelden erscheinen ließen. Als sie nach dieser wirklich lustigen Erzählrunde in einem konspirativen Ton flüsterten, so etwas könne man heutzutage öffentlich ja nicht mehr sagen, beschlossen wir, darüber ein Buch zu schreiben.»

Felix Achterwinter, 42, schrieb früher Kolumnen für verschiedene Zeitungen in England und Deutschland und arbeitet heute im Bereich Medienforschung. Er ist verheiratet, hat zwei Kinder und wohnt in Bonn.

Johannes Hayers, 41, arbeitete früher in der Marktforschung und der Unternehmenskommunikation und schreibt heute für Hörfunk und Fernsehen. Er lebt in einer Partnerschaft, hat vier Nichten, vier Neffen und wohnt in Düsseldorf.

Johannes Hayers   Felix Achterwinter

Schnall dich an, sonst stirbt ein Einhorn!

100 nicht ganz legale Erziehungstricks

Rowohlt Taschenbuch Verlag

Sonderausgabe
Veröffentlicht im Rowohlt Taschenbuch Verlag,
Reinbek bei Hamburg, Juni 2018

Umschlaggestaltung any.way, Barbara Hanke/Cordula Schmidt
Umschlagillustration Heidi Sorg
Satz Georgia PostScript (InDesign)
Gesamtherstellung CPI books GmbH, Leck, Germany
ISBN 978 3 499 63403 1

Inhalt

Vorwort

Liebe Leserin, lieber Leser,

bitte lesen Sie dieses Buch nicht, sonst weint ein Pädagoge. Aber Sie werden lachen! Denn in diesem Buch kommen keine Pädagogen zu Wort, sondern Eltern und Kinder. Das ist erstaunlich genug in einer Welt, in der uns die vielen Ratgeber so verunsichert haben, dass niemand mehr unbefangen über die Erziehung der eigenen Kinder redet. Wie weit verbreitet die Sorge vor Pädagogikfehlern ist, haben wir selbst erlebt, als in einer Runde von Freunden und Bekannten das Thema Erziehung aufkam. Erst nachdem der Alkohol die Zungen löste, erzählten die anwesenden Eltern komische Erlebnisse mit ihren Kindern. Das waren Geschichten, die sie nicht immer als strahlende Pädagogikhelden erscheinen ließen. Als sie nach dieser wirklich lustigen Erzählrunde in einem konspirativen Ton flüsterten, so etwas könne man heutzutage öffentlich ja nicht mehr sagen, beschlossen wir, darüber ein Buch zu schreiben.

Wir haben für Sie überall die besten Erziehungstricks gesammelt. Und «die besten» meint nicht die pädagogisch wertvollen. Es sind die ungewöhnlichen, teilweise unglaublichen, hinterhältigen, kreativen, originellen, unmoralischen, listigen, aber vor allem lustigen Tricks, die wir auswählten. Dieses Buch ist kein seriöser Ratgeber, dieses Buch ist eine liebevolle Bitte: «Nehmen Sie Ihr Kind mal wieder auf den Arm!»

Wir wünschen Ihnen verboten viel Vergnügen bei 100 nicht ganz legalen Erziehungstricks.

Gesund und munter

Erziehungstricks
No. 1–25

1. Schnall das mit dem Anschnallen

Unsere tollen Anschnallgurte und Kindersitze mit Isofix-System genügen immer höheren Sicherheitsansprüchen, sind aber aus einem einfachen Grund nicht kindgerecht: Sie nützen überhaupt nichts, wenn man sich nicht anschnallt. Diesen schwerwiegenden «Konstruktionsfehler» muss Maria mit viel Überredungskunst bei ihrer fünfjährigen Tochter ausbügeln. Schon drei Mal hat sie Pia mit wachsender Anspannung angeschnallt. Und drei Mal hat sich Pia mit wachsender Gelassenheit wieder abgeschnallt. Das darauf folgende pädagogische Gespräch hörte sich ungefähr so an:

MARIA: «Pia, du musst dich anschnallen!»
PIA: «Warum?»
MARIA: «Weil du dann sicher bist.»
PIA: «Warum?»
MARIA: «Weil du dann auf deinem Platz bleibst und nicht nach vorn geschleudert wirst.»
PIA: «Warum?»
MARIA: «Weil dich die Gurte halten.»
PIA: «Warum?»
MARIA: «Weil die aus gutem Material sind.»
PIA: «Warum?»
MARIA: «Weil die TÜV-geprüft sind.»
PIA: «Warum?»
MARIA: «Weil wir hier in Deutschland sind.»
PIA: «Warum?»
MARIA: «Weil wir hier geboren und nicht weggezogen sind.»
PIA: «Warum?»
MARIA: «Weil meine Mutti damals nicht mit dem italienischen Eisverkäufer durchgebrannt ist.»

PIA: «Warum?»

MARIA: «Weil es manchmal sinnvoll ist, die sichere Alternative zu wählen und nicht die hübschere.»

PIA: «Warum?»

MARIA: «Weil Schönheit vergänglich ist, auch deine, wenn du dich nicht anschnallst und mit dem Gesicht auf den Vordersitz knallst. Dann bleibst du Single. Aber das kann ein großer Vorteil sein, weil du dann keine Tochter bekommst, die sich nicht anschnallen will!»

PIA: «Warum?»

MARIA: «Weil das der Lauf der Dinge ist und nur DU ihn aufhalten kannst, wenn DU dich anschnallst! ANSCHNALLEN!»

PIA: «Ich will aber nicht!»

MARIA: «Was hab ich nur getan, warum dieses Kind? Warum ich? WARUM?! WARUM?!»

Der Trick: Das tote Einhorn

Von Maria (41), Selbständige, für ihre Tochter Pia (5)

MARIA: «Pia, schnall dich an!»

PIA: «Warum?»

MARIA: «Schnall dich an, sonst stirbt ein Einhorn.»

PIA: «Was? Na gut.»

Pia war so verblüfft, sie hat noch nicht einmal gefragt, *warum* ein Einhorn stirbt. Die Verknüpfung von eventuell sterbenden Fabelwesen und der deutschen Straßenverkehrsordnung scheint für sie logisch zu sein. «Ich wollte ja auch noch fragen: Warum fragst du nicht, warum?», meinte Maria später, «hab es mir dann aber Gott sei Dank verkniffen. Ein bisschen brutal war das schon mit dem Einhorn, zuerst wollte ich Hamster sagen, ich weiß auch nicht, warum. Was macht man in seiner Not nicht alles, um endlich losfahren zu können?»

Wir Autoren glauben, «Schnall dich an, sonst stirbt ein Hamster!» wäre ein nicht ganz so fabelhafter Buchtitel geworden und hätte vermutlich seine Wirkung auf Pia verfehlt. Hamster sind keine amtlich zugelassenen Fabelwesen, so etwas wissen fünfjährige Mädchen, und Pia hätte dann vielleicht doch noch eine Erklärung verlangt. Maria hat also pädagogisch intuitiv vollkommen richtig gehandelt.

2. Rauchen ist ungesund, echt!

«Wir waren bis jetzt ein ganz gutes Vorbild für unsere Kinder, also auf das Rauchen bezogen», berichtet Gabi stolz. Das ist für Gabi allerdings auch keine asketische Meisterleistung, Zigaretten schmecken ihr einfach nicht. Bei ihrem Mann Peter ist das schon anders: «Ich hab ja meist auf Partys geraucht oder nach dem Sex oder so, aber seit die Kinder da sind ... na ja ...» Wir haben verstanden, Peter, keine Sexpartys mehr. Aber, lieber Peter, ist denn «Ich rauche nicht mehr, weil ich Kinder habe und kaum noch Sex» wirklich ein pädagogisch schlüssiges Konzept, um deine Tochter vom Rauchen abzuhalten? Wohl eher nicht.

Darum hat Gabi das Zepter im Kampf gegen den blauen Dunst übernommen. Sie weiß auch, dass man ihrer Tochter noch nicht einmal mit Warnungen kommen kann wie «Davon bekommst du Krebs» oder «Du stirbst früher, wenn du rauchst». Die dreizehnjährige Göre kontert dann doch tatsächlich in einem so überheblichen Ton, als ob sie die tiefen Täler menschlichen Lebens und Leidens mehr als ein Mal durchschritten und aus diesen Erfahrungen das mit Weisheit durchtränkte Destillat gewonnen hätte: «Mutti, wir müssen alle mal sterben, also mach keinen Stress.»

Einerseits freut sich Gabi über die Schlagfertigkeit ihrer Tochter, andererseits nervt dieses altkluge Dummgeschwätz sie schon gewaltig. Nun gut, denkt Gabi, mit Todesdrohungen ist ihr nicht beizukommen. Aber es gibt immerhin etwas, das fürchten Teenager mehr als den Tod: scheiße aussehen. Die simple Warnung auf einer Verpackung «Rauchen lässt Ihre Haut altern» reicht da nicht aus. Wenn man es wirklich eindringlich haben möchte, muss man schon andere Geschütze auffahren.

Der Trick: Rauchen lässt Ihre Haut altern

Von Gabi (39), Angestellte, für ihre Tochter Leona (13)

3. Raus? Da bin ich leider raus

Sehen wir den Tatsachen ins Auge: Die meisten unserer geliebten Kurzen sind gnadenlose Sesselfurzer. In der Küche mal eben neue Batterien für die Playstation-Fernbedienung zu holen, ist ihnen schon zu viel Laufarbeit. Papa Markus kann das gut nachvollziehen, denn er war ja selbst mal so. Damals, bevor er Papa wurde. Jetzt wäre er eigentlich insgeheim gerne immer noch so, verbringt aber offiziell am liebsten mit Luzie und Florian ganz viel Zeit draußen «in der Natur» (weil dann die Wohnung schön aufgeräumt bleibt und weil er so nicht ständig das ungute Gefühl hat, seine Kinder würden irgendwie dicker aussehen als am Tag zuvor). Außerdem hat Flo eine handfeste Hausstauballergie, und da sind Spaziergänge an der frischen Luft immer eine gute Alternative zum Feucht-Durchwischen.

Das Problem ist nur: Luzie und Florian haben überhaupt gar keinen Bock auf «draußen», denn dafür geht es ihnen drinnen viel zu gut. Als ihre Mutter am Wochenende wieder mal verzweifelt um ein bisschen Ruhe bettelt, weil sie sich Arbeit aus dem Büro mit nach Hause nehmen musste, und die Kinder wieder mal wie in ornamentaler Absicht auf dem Sofa festgenagelt erscheinen und ein Medley der nervtötendsten Ritter-Rost-Songs hören, hat Markus plötzlich eine Idee, die wie eine helle Leuchtspur vor seinem geistigen Auge vorbeizieht.

Der Trick: Kommet mit zum Kometen!

Von Markus (43), Hausmann, für seine Kinder Luzie (10) und Florian (8)

«Hat jemand das seltsame Licht heute Nacht gegen 3 Uhr gesehen?», fragt Markus mit auffallender Hinterfotzigkeit. «Nö, da haben wir schon geschlafen», erwidern Flo und Luzie, denen die Hinterfotzigkeit ihres Vaters aufgrund noch nicht ausreichend geschulter Hinterfotzigkeitssensoren nicht auffällt. «So ein seltsam violett-wabernder Glimmer», fährt Markus unbeirrt fort, «hat mich aufgeweckt. Ich bin zum Fenster, und da kam dieser gleißende Feuerball aus dem Himmel, ganz unwirklich, seltsam pulsierend, und ging über dem kleinen Wäldchen beim Sportplatz nieder!» «Boaah, ein Ufo?», schreit Flo aufgeregt. Markus schüttelt den Kopf. «Garantiert ein Meteor. Ein Bruchstück eines Planeten aus dem Weltraum, größtenteils beim Eintritt in die Atmosphäre verglüht.» Seine Kinder starren ihn mit offenen Mündern an. Jetzt bloß keine Gewissensbisse bekommen und knallhart weiterlügen. «Wer weiß, aus was für einem bisher unbekannten Material der besteht. Vielleicht verleiht es ja Superkräfte. Aber auf jeden Fall ist so ein Fundstück, wenn man es denn findet, einen Riesenhaufen Geld wert.» «So viel, dass man dafür die neue Playstation kaufen kann?» Markus nickt versonnen mit geschürzten Lippen, um nicht laut loslachen zu müssen. «Hmm. Garantiert. Vielleicht sogar zwei!», erklärt er, sein Kinn kratzend.

Jedenfalls: Markus kommt mit dem Anziehen seines Outdoor-Outfits gar nicht hinterher. Den ganzen Tag wird mit glühenden Wangen das kleine Wäldchen durchstreift, leider vergebens, aber es gibt ja immer noch das nächste Wochenende. Und wer weiß: Wenn der Entdeckerdrang in drei bis vier Wochen langsam nachlässt, dann leiht sich Markus vielleicht einen ganz besonders exotisch anmutenden Quarzkristall aus Tante Jennys Steinesammlung und buddelt dafür sogar eigens im Wald einen kleinen Einschlagkrater. Belohnung muss sein, und wenn er sich das Fettgerüst so anschaut, das er gebaut hat, um seinen Sixpack zu stützen, dann muss er zugeben: Ein bisschen Schwitzen könnte ihm selbst auch mal wieder guttun.

4. Gesund und munter

«Mama, guck mal, die Frau trägt den Popo vorne!», ruft Lotte im Bus laut aus. Kerstins vierjährige Tochter zeigt auf eine Frau mit einem tief ausgeschnittenen Dekolleté. Gerade will Kerstin Lotte an die Hand nehmen und ihr erklären, dass sie nicht so herumbrüllen soll, vor allem nicht so peinlich, da reißt sich ihr achtjähriger Bruder Matteo los und tobt wild den Gang entlang. Kerstin schaut auf, ist eine Hundertstelsekunde unkonzentriert, und schon windet sich Lotte aus Kerstins Umarmung und saust hinterher. Dabei lärmen die Kinder so dermaßen, dass jeder im Bus sie sofort zum Fressen lieb hat. Durch Kerstins Bitten, Drohen, Flehen, Mahnen, freundliches Ersuchen und dann wieder schimpfendes Einschüchtern lassen sich die beiden bei ihrem Hooligan-Happening nicht irritieren.

Der Trick: Der süße Bus

Von Kerstin (43), Angestellte, für ihre Kinder Lotte (4) und Matteo (8)

Kerstin holt ihre zwei Kinder am langen Arm zurück, pflanzt sie neben sich und guckt so böse, wie sie nur kann. Das böse Gucken: ein Erziehungstrick, den man bei Müttern sehr häufig sieht, der bei Kindern sehr häufig nicht wirkt. Da erinnert sich Kerstin an die Süßigkeiten, die sie gerade für ihre Kinder im Kaufhaus holen musste. Kaum nimmt sie die Tüte mit Schokobonbons heraus, rufen Lotte und Matteo begeistert: «Au jaa, lecker!» Aber Kerstin nimmt die Tüte an sich und sagt mit ernstem Gesicht: «Jetzt muss ich mich erst mal bei den Leuten hier entschuldigen, weil ihr so laut gewesen seid.» Dann geht sie mit der Tüte Süßigkeiten in der Hand durch die Reihen, bietet jedem Fahrgast Bonbons an und entschuldigt sich für ihre lärmenden Kinder.

Die Menschen sind zunächst total baff, greifen aber dann belustigt in die Tüte. So etwas haben sie noch nie erlebt. Lotte und Matteo sitzen da und machen das, was sie ebenfalls besonders gut können: ein langes Gesicht. Auch sie haben so etwas noch nie erlebt. Als Kerstin zurückkommt, sagt sie zu ihnen: «Jedes Mal, wenn ihr hier wieder laut herumtobt, nehme ich eure Süßigkeiten, um mich bei den Menschen zu entschuldigen. Die Tüte ist fast leer, ihr könnt jetzt selbst entscheiden, ob ich weitermachen muss oder ihr jetzt ruhig sitzen bleibt.» Noch etwas, das Kinder gut können: Sitzen und Bonbons lutschen.

Dieser Trick ist Kerstin ganz spontan eingefallen. Da sieht man mal wieder: Mütterliche Intuition ist unschlagbar.

Nachtrag:

Es wird noch besser: Als die Kinder ein paar Wochen später im Restaurant herumtobten, drohte Kerstin, den Nachtisch der beiden zu verschenken. Weil die Kleinen die Situation im Bus noch gut in Erinnerung hatten, setzten sie sich prompt wieder auf die Stühle.

5. Der gesunde Dreckspatz

Dreck ist gesund! Zu viel Hygiene schadet dem Immunsystem. Was Forscher jetzt wissen, wussten Kinder schon immer. Darum machen sie Dreck, das ist ihre Kernkompetenz. Sie machen das professionell, schnell, gut und zuverlässig. Diese enorme Kompetenz wird seltsamerweise nicht so oft nachgefragt. Sonst würden wir häufiger Stellenanzeigen wie diese finden:

Wir sind ein international tätiges Unternehmen im Bereich Dreckmarketing. Zur Verstärkung unseres jungen Teams suchen wir zum nächstmöglichen Zeitpunkt in der Produktentwicklung einen / eine

Dreckspatz / in

Ihre Aufgaben:
Sie entwickeln und realisieren selbständig neue und innovative Dreckprodukte in den Bereichen: Schlamm, Essensreste, Schokolade, Pudding, Hundekot, Rotz und Popel. Im Rahmen der Produktentwicklung bringen Sie fachliche Ideen ein und generieren umfangreiche Dreckkonzepte auch unter Marketing- und Vertriebsaspekten, d. h. Dreck für Kindergarten, Schule, Nachbarschaft, Verwandte, Freunde etc.

Zu Ihren Aufgaben gehören auch die Akquise und Pflege von Kontakten zu anderen Dreckspatzen, Schmutz- und Schmierfinken, Ferkeln und Pottsäuen, die Sie in Ihrer Arbeit vor Ort unterstützen.

Ihr Profil:
- Abgeschlossenes Dreckspatz-Studium
- Langjährige Berufserfahrung im Innen- und Außendienst
- Außergewöhnliche Leistungsbereitschaft und Zielstrebigkeit
- Kenntnisse im Umgang mit Dreckproduktvernichtern (Eltern etc.)
- Hohe dreck- und fleckentechnische Affinität mit Bereitschaft zu totaler Sauerei

Es erwartet Sie eine schmutzige Arbeit in einem kompetenten und dynamischen Dreckspatz-Team in einem der weltweit führenden Drecksunternehmen.

Die Verunreinigungsvergütung erfolgt außertariflich und fairdreckt. Die Stelle wird zunächst auf zwei schmuddelige Jahre befristet.

Bewerbung:
Haben Sie Interesse?
Dann richten Sie Ihre aussagekräftig verschmierten Bewerbungsunterlagen an:
Frau Ingridigitt Schmutzepummel
Schlammweg 100
38101 Saunschwein

ID Internationale Drecks AG

Diese Stelle hätte die fünfjährige Mala sofort bekommen. Sie ist ein echter Profi und hätte nicht nur einfach ihren Job gemacht. «Das ist nicht nur mein Beruf», hätte sie gesagt, «das ist meine Berufung. Ich bin die Antwort auf Deutschlands Fachkräftemangel.» Doch wie so oft haben Eltern mit ihren Kindern etwas anderes vor. Sie möchten sie, Forschungsergebnisse hin oder her, zur Sauberkeit erziehen. Und das kann hin und wieder sogar klappen.

Der Trick: Völlig von den Socken

Von Hildegard (40), Lehrerin, für ihre Tochter Mala (5)

Hildegard ist in Eile, gleich bekommt sie Besuch von ihren Freundinnen. Und termingenau versaut Mala den Wohnzimmerboden fachmännisch mit ihren Dreckspatzschuhen. Mala muss dazu noch nicht einmal vor die Tür. Kreativ, wie sie ist, schleift sie einfach ihre schwarzen Gummisohlen über den hellen Parkettboden. «Wie kann so etwas Kleines so schnell so viel Schmutz machen?», wundert sich Hildegard. Und weil sie gerade keinen Lappen zur Hand hat, zieht sie ihren Hausschuh aus und wischt mit dem Socken die Schuhstreifen weg. Mala schaut Hildegard mit leuchtenden Augen an, als habe diese ihr soeben den Schlüssel zu einem Spielzeugparadies gegeben: «Haha, ach dafür sind die Socken da?!» Hildegard möchte ihr gerade noch erklären, dass das Sockenputzen eine Ausnahmesituation ist, weil die Zeit nicht reicht, da hat Mala schon die Schuhe aus, sprintet putzteufelswild von einer Ecke des Wohnzimmers zur anderen und kichert wie ein kleiner Lachsack. Hildegard ist zwar froh über diesen ungewollten Trick, schüttelt aber wegen der plötzlichen Metamorphose ihrer Tochter vom Dreckspatz zum Putzteufel den Kopf: «Da versucht man alles Mögliche und dann, aus heiterem Himmel ... seltsam.» Merke: Tue etwas Witziges oder Verbotenes und schon sind deine Kinder dabei! Überall macht Mala mit ihren Socken jetzt sauber. Vielleicht wird Hildegard sie demnächst auf 400-Euro-Basis einstellen. Aber wahrscheinlicher ist, dass Mala schwarz weiterarbeitet, wie alle Putzfrauen.

Nachtrag:

Als einige Wochen später beim Sonntagskaffee ein großes Stück Schwarzwälder Kirschtorte mit Sahne vom Teller auf den Boden platschte, zog Mala blitzschnell ihren Hausschuh aus und versuchte mit dem Socken den Kuchen wegzuwischen. Das Tortenstück verteilte sich im Socken, anschließend im Hausschuh und dann in der Wohnung. Und das zur Belustigung der anwesenden Freunde und Verwandten. Nur Hildegard hatte nicht ganz so viel Spaß und wird sich jetzt doch nach einer anderen Putzfrau umsehen.

6. Reis, Reis, Baby!

«Ja sischer, meine Kinder essen nur Rohkost», sagt Frauke zu Carina, «die kochen doch die Schokolade nicht vorher.» Carina lacht sich kaputt. Frauke, ihre rheinländische Nachbarin, haut wie immer einen Spruch nach dem anderen raus: «Wenn isch zum Essen so oft nein jesacht hätt' wie meine Kinder, würd' isch jetzt nich' achtzig Kilo wiegen. Aber weißte, im Grunde kannste die Blagen auch nur mit Spaghetti Bolognese mästen, das is ejal. Guck dir mein Mäxchen an, der wird trotzdem zwei Meter zehn und kann mir auf'n Kopp spucken. Und isch jlaub, das hat der auch schon mal jemacht, das kleine Dreckschippenjesicht.»

Immer wenn Frauke mit Carina so redet, erscheint Carina das Thema Kindererziehung total simpel. Frauke ist wie der Fels in der Brandung pädagogischer Verwirrungen und Unsicherheiten. «Et hätt noch emmer joot jejange», sagt Frauke, «ja wie denn sons'?» Dann gibt Frauke Carina noch einen aufmunternden Klaps auf den Po: «So, mach et joot, lecker Mädche, ich muss jetzt mein Männe in Arsch treten geh'n, damit der mir noch meinen Rasen mäht. Nisch das, was du meinst ... im Garten!» Und mit lautem Gelächter ist sie weg.

Als Carina sich anschließend ans Kochen macht, fällt ihr ein Trick ein, wie sie ihre Kinder dazu bewegen könnte, endlich mal Reis zu essen. Ein nicht ganz legaler Trick, weswegen das Moralmännchen in ihrem Gewissen tobt: «Mach das nicht, Carina, das darf man nicht!» Das Männchen wird aber schnell beiseitegeschoben, als Carina Fraukes Satz wieder einfällt: «Die Blagen werden im Leben noch so oft beschissen. Es kommt nur darauf an, das man es beim Bescheißen gut mit ihnen meint, das is alles.» Mit Fraukes Satz im Ohr ist Carina zu allen Schandtaten bereit.

Der Trick: In China fällt ein Sack Mini-Mini-Nudeln um

Von Carina (35), Tischlermeisterin, für ihre Kinder Lea (5) und Tom (3)

Carinas Kinder essen keinen Reis, obwohl sie ihn nie richtig probiert haben und auch gar nicht so genau wissen, was Reis eigentlich ist. Die beiden lehnen ihn mit dem für Kinder typischen, logisch aufgebauten und schwer widerlegbaren Argument ab: «Nee, will ich aber nich'!» Carina kocht trotzdem Reis. Aber statt Ernährungsargumente aufzuzählen, ruft Carina diesmal einfach: «Kinder, es gibt Mini-Mini-Nudeln!» Freudestrahlend kommen die beiden angelaufen, gucken auf den Reis mit Tomatensoße und Lea fragt: «Hä, das sieht aber ein bisschen aus wie Reis, oder?» Carina überlegt kurz, dann sagt sie: «Mini-Mini-Nudeln, das sind extrakleine Kindernudeln mit süßer Soße.» Und siehe da, die beiden hauen rein, als wenn der Reis morgen verboten würde.

Hat jemand bei diesem Trick Schaden genommen? Ja, Carinas Moralmännchen. Das meldet sich auch sofort wieder: «Das wird sich rächen, Carina, so eine Verarsche rächt sich immer.» So unangenehm und unsympathisch dieses Männchen manchmal auch ist, es sollte dieses Mal recht behalten.

Nachtrag:

In einer Kantine, zwei Wochen später. Carina holte in der einen Ecke der Kantine ein paar Tabletts, während sich Lea vor der Theke aufstellte. Lea deutete auf den Reis und sagte zum Koch hinter der Theke: «Ich will die Mini-Mini-Nudeln.» Der Mann verstand nicht und sagte: «Meinst du den Reis?» Lea: «Nein, ich mag keinen Reis, ich will die Mini-Mini-Nudeln da vorne.» Der Mann war etwas verwirrt, blieb aber freundlich: «Also den Reis, ja?» Lea wurde energischer: «Neiiin, die Mini-Mini-Nudeln!»

«Tut mir leid, wir haben aber heute gar keine Nudeln im Angebot.» Da rief Lea durch die ganze Kantine laut zu ihrer Mutter: «Mamaaaaa, der Mann lügt!» Dann hob sie drohend den Zeigefinger und sagte zu ihm: «Das darf man nicht!»

Ja ja, Frauke: Et hätt noch emmer joot jejange, ja wie denn sons'?

7. Mütze auf!

Draußen ist es kalt, Benedikt ist erkältet, Tina ist verzweifelt. Das ist die stetig wiederkehrende Situation, weil Tina es nicht schafft, ihrem Vierjährigen eine Mütze aufzusetzen. Sie zieht ihm die Mütze auf, er zieht eine Schnute und die Mütze wieder ab. Und das, obwohl Tina bereits ihre komplette Erziehungsliste abgearbeitet hat:

1. Erklären, warum es gut ist, die Mütze aufzusetzen: «Sonst bleibst du krank.» ✔
2. Liebevolles Bitten, die Mütze aufzusetzen: «Bitteeee, Schätzcheeen.» ✔
3. Böse gucken, wenn Benedikt die Mütze auf den Boden wirft. ✔
4. Noch böser gucken, wenn Benedikt die Mütze wieder auf den Boden wirft. ✔
5. Gaanz böse gucken, wenn Benedikt die Mütze wieder auf den Boden wirft. ✔
6. Drohung: «Du setzt jetzt die Mütze auf, sonst gibt's Ärger!» ✔
7. Erpressung: «Dann gibt's heute Abend keine Tomatennudeln.» ✔
8. Lügen: «Der Leo setzt immer seine Mütze auf!» ✔
9. Erschöpft um Mitleid betteln: «Ärger die Mama doch nicht, jetzt mach, bitte!» ✔
10. Schimpfen: «Verdammt noch mal, aufsetzen! Womit hab ich das verdient?» ✔

Irgendwie hat diese Liste einen Haken, denkt Tina. Hilfesuchend schaut sie sich in ihrer Wohnung um. Da fällt ihr Blick auf eine übergroße Geburtstagskarte. Sie erinnert sich, dass diese

Geburtstagskarte beim Öffnen eine Melodie gespielt hat. Vorn auf der Karte ist Albert Einstein abgebildet, der ihr seine prominente Zunge entgegenstreckt und in einer Sprechblase sagt: «Du bist relativ alt.» Besonders witzig fand sie diese Karte damals nicht. Aber Einstein hat auch noch etwas anderes gesagt: «Es gibt keine großen Entdeckungen und Fortschritte, solange es noch ein unglückliches Kind auf Erden gibt.» Tina denkt über diesen Satz nach und reißt kurzerhand die Geburtstagskarte auf.

Der Trick: Mützenmucke

Von Tina (38), Medizinische Assistentin, für ihren Sohn Benedikt (4)

Tina entfernt den eingeklebten Musikchip aus dem Karteninneren und schnappt sich Benedikts russische Wintermütze. Den Musikchip steckt sie genau so, wie er vorher in der aufklappbaren Karte klebte, in den umgeklappten Rand der Mütze. Zieht sie jetzt den Rand oben auseinander, spielt der Chip «Trallalala, Trallala, wie schön, dass du Geburtstag hast, Trallala, Trallala, Trallalalala.» Tina marschiert euphorisch zu ihrem Sohn zurück: «Ich habe ganz vergessen, was diese Mütze kann, Beni. Wenn du die lange genug trägst, dann macht die Mütze Musik. Aber das geht nur draußen.» Benedikt schaut skeptisch, aber auch sehr neugierig. Eine Mütze voll Musik? Eine Mütze voll Schlaf, davon hat er schon gehört, aber Musik? Das muss er sich doch mal angucken.

Als sie draußen sind, setzt er die Mütze auf und konzentriert sich so stark auf die Töne, die ihm versprochen wurden, dass er dabei die Luft anhält. «Du kannst ruhig atmen, Beni», lächelt Tina, «das wird so laut, das hörst du auf jeden Fall.» Als es ihm zu lang dauert und Benedikt gerade wieder seine Schnute ziehen will, fasst Tina beiläufig hinten an die Mütze und klappt den Rand um. «Trallalala, Trallala, wie schön, dass du Geburtstag hast, Trallala, Trallalala, Trallalalala», tönt die Mütze. «Ich habe Geburtstag, jaaaa, Geschenke!», ruft Benedikt begeistert.

Benedikt hat die Mütze aufgelassen, und Tina konnte mit ihm endlich wieder an die frische Luft. Aber leider hat auch dieser Erziehungstrick einen Haken: Tina hat eine halbe Stunde gebraucht, um Benedikt zu erklären, dass er keine Geschenke bekommt. Aber wie würde Einstein sagen? Das ist relativ kurz, im Vergleich zu Tinas Alter.

8. Dicke Teens in viel zu engen Jeans

Wie soll man es politisch korrekt ausdrücken? Hannes ist «umfangtechnisch herausgefordert». Er leidet an «hyperaktiven Drüsen». Er ist «genetisch mit schweren Knochen vorbelastet». Ja, genau, er ist eine fette Sau. So zumindest bezeichnet es Hannes selbst, was seine Eltern Josef und Karla ziemlich schmerzt, wünschen sie sich doch, wie alle Eltern, dass ihr Nachwuchs glücklich oder zumindest mit sich selbst im Reinen ist. Außerdem ist er gerade mal etwas pummelig, aber keineswegs fett. Und natürlich lieben sie ihn auch, wenn er das Konzept Babyspeck mit in seine Teens transportiert, aber jetzt sollten doch langsam mal ein paar Kilo runter, schon der Gesundheit zuliebe, zumindest, bis die medizinische Wissenschaft endlich feststellt, dass ein hoher Körperfettanteil eigentlich eine gute Sache ist.

Der Trick: Das Phantom der Au-pair

Von Josef (52), leitender Angestellter, für seinen Sohn Hannes (15)

Wichtig zum Gelingen dieses Tricks ist, dass Hannes mittlerweile in der Pubertät ist. Gerade in dieser sowieso schon schwierigen Phase hadert Hannes mit seinem Körperumfang natürlich ganz besonders. Allerdings hat er sich auch etwas defätistisch in sein verfettetes Schicksal gefügt, denn alle kennen ihn ja nur als den pummeligen Hannes. Deswegen spaziert Josef eines Tages mit einem Foto und einem Brief in das Zimmer seines Käsecracker mümmelnden Sprosses. «Guck mal, H-Man!», sagt Josef und hält Hannes das Foto der hübschesten und stupsnasigsten Brünetten hin, die Hannes je gesehen hat. «Da Mama ja auch bald wieder im Job ist, haben wir in einer Agentur ein französisches Au-pair für ein Jahr besorgt. Das ist Veronique. Die reist in drei Monaten aus Paris an und wird dann bei uns wohnen. Ist nur zwei Jahre älter als du.» «Aha», sagt Hannes, denkt aber «Hawooooooooooooo!», wie der Wolf in den alten Bugs-Bunny-Cartoons. «Erstaunlicherweise» beginnt Hannes direkt am nächsten Tag mit einem strikten Diät- und Fitnessprogramm (plus Internetrecherche einiger gebräuchlicher Französisch-Vokabeln), damit er im Sommer eine Chance auf die große Liebe seines Lebens hat. Laut Josef hat der Trick auch gut funktioniert.

Nachtrag:

Was Josef uns aber nicht verraten wollte, war, ob diese Veronique im Sommer tatsächlich angereist ist oder ob es sich bei ihr nur um ein Phantom handelt, das Josef erfunden hat, um Hannes zum Abnehmen zu motivieren. Wahrscheinlich hängt die endgültige Ausführung dieses Tricks einfach davon ab, ob man nur basisgemein oder sehr extrem sonderfies ist.

9. Computerkrieg

Überall lesen wir die These: «Computer-Ballerspiele sind ungesund.» Stimmt das? Oder ergeben wir uns da vielleicht vorschnell einer Armee von übervorsichtigen Pädagogen?

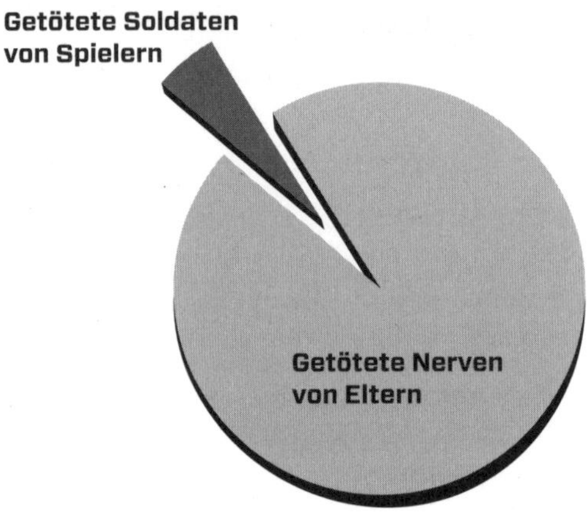

Getötete bei einem zweistündigen PC-Ballerspiel
Quelle: Experte

Diese streng wissenschaftliche Graphik zeigt es überdeutlich: Computer-Ballerspiele haben gefährliche Folgen und sind ungesund. Und zwar nicht nur für die digitalen Soldaten, sondern auch für die realen Eltern. Die alte pädagogische Redensart «Du tötest mir den letzten Nerv» trifft voll ins Schwarze. Werner, der Vater des vierzehnjährigen Adrian, versteigt sich aber noch zu einer anderen, für Jugendliche unfassbaren These: Er glaubt tatsächlich, Ballerspiele seien nicht nur für die Eltern ungesund, sondern auch für die Spieler. Und darum versucht er alles, um seinen Sohn davon abzubringen. Schließlich ist Werner Psychologe, dem Gelingen steht also fachlich nichts im Weg, außer vielleicht sein eigener Sohn, der gerade mal wieder in seinem Zimmer am PC Menschen killt.

Der Trick: Juckt mich nicht? Juckt mich doch!

Von Werner (55), Psychologe, für seinen Sohn Adrian (14)

WERNER: «Adrian, wusstest du das? Die Seelen von allen Menschen, die du in deinen Ballerspielen tötest, werden dich nachts besuchen, wenn du schläfst. Und dann kriechen sie in deinen Kopf und suchen nach ihren digitalen Leben.»

ADRIAN: «Da könn' sie lange suchen.»

WERNER: «Weißt du, du sollst dir Gedanken machen, ob das gut für deine Psyche ist. Das Volk der Yali auf Papua-Neuguinea glaubt zum Beispiel, dass man auch für die Toten verantwortlich ist, die man in seinen Träumen tötet. Und in gewisser Weise ist das digitale Töten damit vergleichbar.»

ADRIAN: «Papa, was is'? Ich kann mich nicht konzentrier'n. Nachher geh ich noch drauf hier.»

Werner wird klar, wie groß der Unterschied zwischen Adrian und dessen achtjährigem Bruder David ist. Dem Kleinen konnte er gerade eben noch in einfachen Sätzen deutlich machen, dass es nicht in Ordnung ist, seinen Klassenkameraden Juckpulver ins Hemd zu stopfen, und hat es ihm nach einer kurzen Standpauke abgenommen. Adrian hingegen jucken solche erzieherischen Ansagen überhaupt nicht mehr. «Heureka!», ruft Werner da in Gedanken laut aus, «ich hab's!» Er sammelt sich, geht einen Schritt auf Adrian zu, klopft ihm freundschaftlich auf die Schulter und sagt: «Gut, Adrian, wenn du dich meinen Argumenten verschließt, kommen wir da im Moment nicht weiter, vielleicht ein anderes Mal.» Und mit einer liebevollen Geste verteilt Werner das Juckpulver, das er unauffällig aus seiner Hosentasche gezogen hat, auf Adrians Nacken und lässt es von oben in dessen T-Shirt rieseln, während er ihm mit der anderen Hand durchs Haar wuschelt, um Adrians Gefühlssinn abzulenken.

«Jaja, jaja, okay», würgt Adrian das Gespräch hektisch ab, ohne den Kopf vom Bildschirm abzuwenden. Werner verlässt Adrians Zimmer, wartet im Wohnzimmer auf das Ergebnis seines Experimentes und blättert unschuldig in einem Magazin.

«Ey, was das? Ey, nee, irgendwas juckt hier wie Sau», hört er schon nach kurzer Zeit Adrian fluchen, der an ihm vorbei ins Badezimmer sprintet.

Da fasst Werner einen Entschluss. Er erinnert sich an den Pawlow'schen Hund und an die klassische Konditionierung.[1] Jedes Mal, wenn Adrian von nun an vorm PC sitzt, wird Werner etwas Juckpulver auf ihm verteilen. Und das macht er so lange, bis Adrian PC-Ballerspiele und nerviges Jucken in seinem Gehirn zusammengeführt hat.

1 Für alle Nichtpsychologen: Iwan Pawlow, ein russischer Forscher, hat herausgefunden, dass Hunde, die gefüttert werden, nicht nur auf Futter mit vermehrtem Speichelfluss reagieren, sondern auch auf Dinge, die mit dem Futter in Verbindung stehen. Zum Beispiel die Schritte des Herrchens oder ein Glöckchen, das geläutet wird. Das nannte Pawlow die Konditionierung. Eltern können das auch beobachten, wenn sie die Alufolie einer Schokolade öffnen. Schon bei leisem Knistern läuft den Kindern der Sabber, und sie kommen angelaufen.

10. Lutschen Luschen dauernd Daumen?

Der Daumen hat in unserer Gesellschaft schon immer eine große Rolle gespielt. Im alten Rom wurde mit dem Daumen des Kaisers das Todesurteil oder die Begnadigung der Kämpfer besiegelt, in den Siebzigern konnte man mit ihm von Holland bis nach Spanien trampen, und heute ist der Facebook-Daumen in aller Munde. Im Mund eines Kindes aber ertragen wir ihn irgendwann nicht mehr. So geht es auch Larissa, die ihrem fünfjährigen Sohn Simon das Daumenlutschen zur Einschulung abgewöhnen möchte.

Der Trick: Gib dem Daumen ein Gesicht

Von Larissa (40), Angestellte, für ihren Sohn Simon (5)

Larissa ist ein Fuchs, sie ist zwar nicht so schlau, stinkt aber so. Nein, Moment, das ist der Spruch, den Larissas Mann Gerhard immer bringt, wenn Larissa sich mit zu viel Eau de Toilette eingenebelt hat. Ob Larissa so dufte ist, wie Gerhard meint, wissen wir nicht. Aber Larissa ist auf jeden Fall so schlau und verschlagen wie Reineke Fuchs. Um ihren Sohn Simon vom Daumenlutschen abzubringen, sagt sie zu ihm: «Wer Daumen lutscht, kriegt runzelige Füße. Weil man den Lebenssaft für die Füße oben rauslutscht.» Wer denkt, das sei an List nicht zu überbieten, der irrt. Weil dieser Trick bei ihrem Sohn nicht die gewünschte Wirkung zeigt, kommt sie auch schon mit dem nächsten. Sie malt Simon ein Gesicht auf seinen Daumen und sagt: «Du darfst das Gesicht nicht weglutschen. Das ist schädlich, und außerdem darf man nicht das Gesicht anderer Leute wegschlecken. Das würde dir auch nicht gefallen, wenn dein Gesicht weg wäre.» Und tatsächlich, die listige Larissa feiert mit diesem Trick einen achtbaren Erfolg. Simon ist von dem Gesicht auf dem Daumen so fasziniert, dass er nicht wagt, es wegzulutschen. Und das ist doch allemal besser als eine dieser ekligen Tinkturen, die man auf Daumennägel streichen soll, um Kindern das Nuckeln abzugewöhnen.

Nachtrag:

Einige Tage später war das Gesicht morgens von Simons Daumen verschwunden. Als Erklärung lieferte er folgende Geschichte, die uns Larissa unter Prusten und Kichern erzählte: «Simon sagt, er sei nachts von einem prasselnden Geräusch aufgewacht und wollte nachsehen, was es damit auf sich hatte. Seine Vermutung: Regen. Also öffnete er das Fenster und hielt zum Prüfen nur (!) den Daumen aus dem Fenster. Und tatsächlich, es regnete. ‹Der feuchte Regen›, das waren seine Worte, soll dann in Sekundenschnelle (!) das Gesicht von seinem Daumen gewaschen haben. Diese Erklärung», fuhr Larissa fort, «wäre bedeutend glaubhafter gewesen, wenn es A in dieser Nacht geregnet hätte, und wenn es B möglich wäre, eine Hand aus Simons Fenster eineinhalb Meter weit vorzustrecken. Denn so breit ist das Vordach, unter dem Simons Zimmer liegt.»

Tja, Larissa, woher hat dein Sohn wohl dieses fabelhafte Talent, anderen den größten Blödsinn zu erzählen, nur um die eigenen Interessen zu verfolgen?

11. Alkohol, Ursache und Lösung

Sind Kinder nicht niedlich? Wie sie immer dastehen und missbilligend den Kopf schütteln, wenn man mal eine Zigarette raucht, wie sie empört die kleinen Fäustchen in die Seite stemmen und rufen, dass sie «nie, nie, niemals im Leben» auch nur einen Tropfen Alkohol trinken werden. Oh unschuldiger Vogel Kindheit, denn kaum beginnt der Hals zu kropfen oder die Ovulation einzusetzen, klingt das Wort «Komasaufen» plötzlich gar nicht mehr so uneinladend, um Liebeskummer, Weltschmerz und Identitätsprobleme für ein paar wenige kostbare Stunden im Sumpf des Vergessens zu ertränken, dabei jedoch nicht ahnend, dass so eine weggeballerte Birne zumeist nur noch mehr Liebeskummer, Weltschmerz und Identitätsprobleme gebärt. («Alkohol ist die Ursache UND die Lösung aller Probleme.» Homer J. Simpson)

Auch Frederik (15) verzog früher immer das Gesicht, wenn sein Vater Ulf ihn mal an seinem Bier nippen ließ, doch mittlerweile ist ihm jede Entschuldigung recht, um mit den Kumpeln abends auf Sauftour zu gehen: Eine Drei in Mathe, ein Sieg vom MSV, eine Fünf in Mathe, eine Niederlage vom MSV, egal, immer öfter finden Ulf und Jenny morgens eine Wodka-Red-Bull-Leiche im Bett ihres Sohnes liegen, und meistens handelt es sich bei der um ihren eigenen Sohn. Warum muss der auch ausgerechnet in einer Clique sein, in der zwei schon locker als 18-Jährige durchgehen? Können wir nicht die harten Alkoholkontrollgesetze der Amis übernehmen, und die kriegen dafür im Gegenzug unsere in puncto Handfeuerwaffen? «Süße Utopie», seufzen die politikverdrossenen Ulf und Jenny, und deswegen muss ein anderer Trick her, um «Freddy Gin» (wie sie ihn schon scherzhaft, aber nicht in seinem Beisein nennen) wieder ein bisschen auszunüchtern ...

Der Trick: Kinderschminken für Betrunkene

Von Jenny, (40), Köchin, und Ulf (41), Vertriebsleiter, für ihren Sohn Frederik (15)

Als Frederik morgens mal wieder hackedicht im Vorgarten über die Mülltonnen stolpert und dabei die ganze Vorstadt aus dem Schlaf reißt, reißt bei Ulf und Jenny dafür der Geduldsfaden. Die beiden haben die langen Sorgemachestunden bis zum Morgengrauen selbst mit drei Flaschen Medoc-Egal etwas angenehmer zu gestalten versucht und sind entsprechend moralisch enthemmt. «Bei Facebook gibt's doch diesen Trend, dass Betrunkene im Koma von ihren Freunden mit lustigen Sprüchen und Verkleidungen dekoriert und fotografiert werden», grummelt Ulf. Jenny nickt nachdenklich und beginnt dann perfide zu grinsen. «Ich glaube, es ist Zeit», kichert sie, «um endlich mal meinen neuen wasserunlöslichen Edding auszuprobieren.»

Eine halbe Stunde später sind sie fertig und mit dem Ergebnis schon ziemlich zufrieden. «Das wird ein Heidenspaß, wenn Freddy nachher aufwacht und in den Spiegel guckt!», flüstert Ulf, «vor allem für unseren Riesen-Spiderman-Fan hier.»

Freddy dachte wirklich, seine Freunde hätten ihn im Voll-Suff noch zu einem sehr schlechten Hobby-Tätowierer geschleift. «Tja», hob Ulf in einer Mischung aus falschem Mitleid und echter Feierlichkeit in Abwandlung des berühmten Spruchs von Spidermans Onkel Ben an: «Mit einer hohen Promillezahl kommt eben auch eine hohe Verantwortung.» Nachdem sich Frederik dann zwei Stunden lang vor der Welt versteckt hatte und damit drohte, am Montagmorgen nicht wieder in die Schule zu gehen, klärten seine Eltern ihn über ihren derben Scherz auf und säuberten sein Gesicht mühsam mit einem weichen Tuch und Nagellackentferner. Obwohl er diesmal noch glimpflich davongekommen

war, fröstelte es Frederik innerlich, wie weit die beiden Superbösewichte beim nächsten Mal gehen würden, wenn er wieder bewusstlos wäre. Von jetzt an würde er gerade mal nur noch so viel trinken, dass er danach einen angenehm leichten Schlaf mit vernünftiger Aufwachchance hätte ...

12. Viren sind auch nur Menschen

Neulich bei der Arbeit. Viren-Smalltalk in der Mittagspause:

«Mahlzeit.»

«Mahlzeit.»

«Äh, Entschuldigung, kennen wir uns?»

«Nein, ich glaube nicht, ich bin gerade mit dem Flieger aus New York gekommen.»

«Ah so, na dann, herzlich willkommen hier, freut mich, ich heiße Virus.»

«Das gibt's doch nicht, ich auch!»

«Ach, das ist ja lustig. Und was arbeitest du hier?»

«Oh, ich bin wegen der Grippe hier. Bin aber noch ein bisschen kaputt, weißt du, Jetlag. Und dann noch die Verspätung mit der Deutschen Bahn, das kennt man ja, und bis ich dann ein Taxi hatte, das geht in New York schon schneller.»

«Ach, dafür siehst du aber noch ganz gut aus.»

«Ja, gesunde Ernährung, viel Sport, man muss sich in diesem Job schon fit halten.»

«Ja, wem sagst du das ... tja, okay, du, ich muss weitermachen. Ich hab gleich noch 'ne Präsentation fürs Husten-und-Schnupfen-Meeting. In welcher Abteilung bist du?»

«Durchfall.»

«Oh, oh, tja, na ja, immerhin hat man da große Aufstiegschancen.»

«Ja, kann man so sagen.»

«Okay, bis dann!»

«Bis dann!»

Was diese beiden virilen Virustypen nicht wissen: Demnächst wird ihnen ihre hemmungslose Verbreitung deutlich schwerer fallen. Denn Kati hat einen Trick gefunden, wie sie ihren ständig erkälteten Sohn Manuel dazu bringt, sich ordentlich die Hände zu waschen, wenn er von draußen kommt.

Der Trick: Crème brûlée

Von Kati (34), Ladenbesitzerin, für ihren Sohn Manuel (9)

Manuel verzieht das Gesicht, als Kati ihn mit ihren frisch eingecremten Händen anfasst. «Iiih, die stinken, was ist das?»

«Das ist Bio-Creme. Die ist ohne Konservierungsstoffe und mit Urea.»

«Was 'n Urea?»

«Das ist Harnstoff.»

«Harn? Das ist doch ... iiiih, du schmierst dir Pisse ins Gesicht?»

«Nein, das ist doch keine ...» Kati will gerade erklären, dass es sich um synthetisch hergestellten Harnstoff handelt, da ist Manuel auch schon im Bad verschwunden und wäscht sich die Hände.

Beim nächsten Mal nimmt Kati ihre Creme zur Hand und schmiert davon etwas an die Türklinke. «Iiiiih, hast du mit deinen Pipicreme-Händen die Türklinke angefasst?», empört sich Manuel und springt sofort ins Bad, um sich die Hände zu waschen.

«Tut mir leid», ruft Kati ihm grinsend hinterher, «ein Versehen», und beschließt, es am nächsten Tag wieder zu tun. «Wie der wegen ein bisschen Creme rumbrüllt, herrlich», Kati lacht sich eins, «den nenne ich ab jetzt Crème brûlée!»

13. Eltern sind vom Mars – Kinder von der Vega

Es ist so weit. Roberta will kein Fleisch mehr essen. Nie mehr. Die Tiere tun ihr so leid. Ist ja auch wirklich schrecklich, diese Massentierhaltung, das Gemästetwerden und Dahinvegetieren bis zum brutalen Exitus. Nur damit die fleischsüchtige Krone der Schöpfung sich am Sonntag undankbar und heißhungrig den Braten zwischen die unbarmherzig mahlenden Kiefer schieben kann. Aber bei Robertas Mutter Johanna ist das anders. Bei ihr kommt Fleisch zwar nicht häufig auf den Tisch, aber doch mindestens einmal die Woche. Es ist jedoch Fleisch von glücklichen Freilandtieren eines Bio-Hofs in der Nähe. Die hatten ein gutes Leben, und jeder in der Familie kannte sie quasi persönlich. Das ist allerdings auch der Grund dafür, warum der kleinen Roberta das Essen so schwer fällt, sieht sie doch bei jeder Lammkeule auf ihrem Teller ein niedliches Gesicht vor sich und hört einen kuschelig-tuffigen Namen. Leider freut sich der Rest der Familie aber immer tierisch auf das bisschen Fleisch, das es noch gibt, Papa kontert mit «ausgewogener Ernährung», und Johanna will ihm und Robertas Brüdern dieses Stückchen Restfreiheit auch nicht unbedingt verwehren. Roberta will aber Fleisch nicht mal mehr sehen müssen, auch nicht auf anderen Tellern. Kein Stück. Auch keine Fischstäbchen. Nicht mal besonders dick panierte Fischstäbchen, weil: «Es könnte ja Nemo sein!» Und das gibt sofort Heul- und Schreikrämpfe. Deshalb entschließt sich Johanna dazu, den Fleischspieß einmal umzudrehen.

Der Trick: Der alte Trick mal andersrum

Von Johanna (41), Krankenschwester, für ihre Tochter Roberta (5)

Johanna greift zu einem perfiden Trick, den eigentlich die raffinierten Vegetarier- oder Veganer-Eltern für ihre Fleischmöger-Kinder erfunden haben: Fleischloses Essen so zuzubereiten, dass es wie Fleisch aussieht und sogar ein bisschen so schmeckt, also die berühmten Tofu-Würstchen etc. Das macht Johanna jetzt eben auch, nur andersrum. Das heißt, sie serviert den Fleischfressern in ihrer Familie jetzt einmal die Woche Hühnerfiletwürfel oder Leberkäse als Tofu oder Seitan, zartes Rindfleisch als gut gewürztes Sojasprossen-Schnitzel oder Mykoproteinfrikadelle und klein geschnittene Würstchen mit Gemüse als asiatische Edelpilzpfanne. Und ein bisschen Fisch fällt Roberta optisch im Meeresalgensalat auch überhaupt nicht auf, das heißt, es gibt auch weiterhin für alle die guten Omega-3-Fettsäuren, außer natürlich für Roberta, denn die bekommt tatsächlich kein Fleisch mehr serviert.

Johanna macht das sehr geschickt, indem sich am Tisch keiner mehr nachnehmen kann, sondern sie mit den Tellern in die Küche geht, wo Robertas Vegetariergericht gesondert vor sich hin köchelt. Papa und die Brüder sind eingeweiht und spielen gut mit, das Doppeltkochen ist natürlich ein bisschen aufwendiger, aber dafür sind alle glücklich. Ein schlechtes Gewissen hat Johanna schon hin und wieder ein bisschen, aber wenn sich Robertas Vegetariersein als klare und dauerhafte Gewissensentscheidung erweisen sollte, dann wird sie auch die Konsequenzen ziehen und komplett auf eine fleischlose Küche umschwenken. Bis dahin genießt Papa weiterhin seine kleinen tierischen Proteinbomben, ohne sich heimlich, entwürdigend an der Currywurstbude den Wanst vollstopfen zu müssen.

14. Essen kommen muss man können

Aus Liebe abnehmen, welche Frau kennt das nicht. Aber dass auch Kinder schon aus Liebe abnehmen? Doch, aus Liebe zu ihrem Computer vergessen sie alles, auch das Essen. Und wenn Ellie nicht so trickreich wäre, müsste sie ihren Sohn Luca schon längst zwangsernähren. Der Trick, «Mirácoli!» zu rufen, und alle kommen angeschossen wie verhungerte Löwen, funktionierte übrigens schon damals nicht. Genauso wenig wie der Ruf: «Kinder, Fruchtzwerge!» Wenn die Kinder dann sehen, dass dort nur ein kleines Steak liegt, werden sie sauer. Fruchtzwerge? Wieso

Kinder kleine Menschen essen sollen, die nach Frucht schmecken, könnte man an dieser Stelle auch mal fragen. Offenbar ist Kannibalismus in der Werbung kein Tabu mehr.

Der Trick: Digitale Kost

Von Ellie (47), Tanzlehrerin, für ihren Sohn Luca (10)

Als Ellie das Essen auf den Tisch stellt und zum wiederholten Male «Luca, Luucaa, Luuucaaaaa!» ruft, aber auf Lucas Top-Ten-Liste heute mal wieder nicht «Auf Mutti hören» steht, lässt sich Ellie etwas einfallen. Sie fotografiert einen gut gefüllten Teller mit ihrem Smartphone und schickt das Bild an Luca. Sofort steht er in der Küche. Einfach nur, weil er es lustig findet, so eine Nachricht zu bekommen. Und dann isst der Kleine auch noch brav auf.

Beim nächsten Mal muss sich Ellie schon etwas mehr einfallen lassen. Sie fotografiert zunächst den gefüllten Teller, dann den halbleeren Teller und schreibt dazu: «Gleich gibt's nichts mehr ...» Prompt kommt Luca angesaust. Das klappt leider nach ein paar Tagen nicht mehr. Da schickt Ellie ihm ein Foto von einem leeren Teller. Er kommt in die Küche und denkt, Ellie habe einen Scherz gemacht, aber es ist wirklich nichts mehr da. «Du willst mich doch nicht verhungern lassen?», fragt Luca baff. «Doch, wenn du am Computer sitzt und nicht kommst. Du musst irgendwann begreifen, dass man Digitales nicht essen kann.» Das hat gewirkt. Pixelnudeln schmecken offenbar nicht so richtig lecker.

Nachtrag:

Zum Thema Essen gibt es viele pädagogische, viele moralische und noch mehr gesellschaftskritische Thesen. Wir möchten uns da nicht festlegen und bieten darum einen pädagogisch-moralisch-gesellschaftskritischen Wortsalat zum Selbermachen an. Statt Malen nach Zahlen Schreiben nach Worten. Setzen Sie einfach die nachfolgenden Worte in der für Sie sinnvollen Reihenfolge zusammen:

in Afrika müssen die Bio glückliche Eier
Kinder ernährungspsychologisch wer nicht kommt

Flucht Diät wir hatten ja ohne Essen Wegwerfgesellschaft
damals
bewusst so lange, bis das Kind ernährungsphysiologisch
der kriegt eben nichts
ab ins Bett nichts vegetarisch gar nichts Fair Trade
ganzheitlich
Fleisch kannte man ja gar nicht erklären haben kindgerecht

Krieg Rinderwahnsinn bei Salmonellenhühnern in der Pferdelasagne
mein Mann ist zu dick
unabhängige Studien von Wissenschaftlern Vorbild
Konsum mehr trinken meine Mutter hat ja auch nie

15. Gewalt ist ungesund

Marc (12) kneift Ela (7) in den linken Arm und fragt unschuldig: «Tut das weh?» «Aua, hör auf, lass das!» Marc kneift Ela in den rechten Arm: «Tut das weh?» «Auaaa, jetzt hör auf. Mama!» Marc kneift Ela gleichzeitig in den rechten und den linken Arm: «Und das?» Ela dreht sich um, schubst Marc weg und schreit: «Ahhh, lass das, Mamaaa, Mamaaa!» Marc lässt sich natürlich von einem kleinen Mädchen nicht wegschubsen und schubst sie so hart zurück, dass sie auf den Boden knallt. Als Ela wieder aufsteht, um sich an ihm zu rächen, tritt er sie mit Wucht um, und genau da kommt Nelly ins Zimmer: «Bist du bescheuert, du brutaler Kerl?!» «Die benimmt sich voll wie ein Baby!», kontert Marc trotzig. «Ach und du verhältst dich also wie ein Erwachsener, ja?» «Ja, tu ich, ich flenne nicht sofort.» «So, dann willst du also wie ein Erwachsener behandelt werden, ja?!» «Ja, sicher, klar!», freut sich Marc, nicht ahnend, was das für ihn bedeutet.

Der Trick: Schlägerparade

Von Nelly (44), Angestellte, für ihren Sohn Marc (12)

Nellys Bruder ist Polizist und hat ihr erzählt, dass die Polizei bei Großveranstaltungen die Hooligans nicht mit den üblichen Handschellen abführt, sondern mit Kabelbindern. Von diesen Kunststoffbindern hat Nelly einige zu Hause und probiert sie jetzt an ihrem Hooligan-Sohn aus: «Wenn du wie ein Erwachsener behandelt werden willst, dann würde dich jetzt Onkel Frank wegen der Schlägerei verhaften. Mach mal die Hände auf den Rücken.» Marc guckt leicht amüsiert und hält seine Hände auf den Rücken. Nelly legt ihm die Kabelbinder um und bringt ihn gefesselt in sein Zimmer. «So, Einzelzelle, damit sich der Randalierer erst mal beruhigen kann. Damit du das mal raffst, Marc, in der Erwachsenenwelt ist es verboten, andere zu schlagen, und das hat einen guten Grund. Wir haben nämlich das verrückte Ziel zusammenzuleben und wollen uns hier nicht dauernd umbringen. So hilflos, wie du jetzt bist, so fühlt sich auch deine Schwester, wenn du sie angreifst, verstehst du?»

Marc grinst seine Mutter unschuldig an: «Ja ja, is' aber trotzdem voll ungerecht, weil die Kurze mich ja provoziert hat. Aber kein Problem, dann häng ich hier eben am PC ab, na und?» «Ach ja? Mit den Händen auf dem Rücken Spiele spielen? Viel Spaß dabei!» Mit diesem Satz verlässt Nelly Marcs Zimmer. Marc guckt so überrascht wie ein Bankräuber, auf den draußen die Bullen warten. «Oh, Kacke, klar, hab ich gar nicht dran gedacht. Mir egal, chill ich eben so ab.» Nach einer halben Stunde Knast-Chillen wird Marc langweilig, und er bettelt um Freigang. Wieder in Freiheit hat er seine Schwester nicht mehr so oft geschlagen, aber dafür einmal gefesselt. Was für ein Erfolg! Prison works!

Anmerkung:

Die Autoren berichten zwar nur und verurteilen nicht, was die Eltern mit ihren Kindern machen, aber wäre es nicht doch schön, wenn ein Nachbar durchs Fenster gesehen hätte, wie Nelly ihren Marc fesselt? Und dann die Polizei gerufen hätte, die mit einem Sondereinsatzkommando in die Wohnung gestürmt wäre und Nelly genauso festgebunden hätte wie sie ihren Sohn?

16. Fernsehfieber, der heimliche Horror

«Es war eine stürmische und unheilschwangere Nacht. Der käsige Vollmond, der hin und wieder zwischen düsteren Wolkenfetzen hervorgrinste, schien geradezu stumm um ein blechern hallendes Orgelwerk von Bach zu betteln, und selbst dem mutigsten Käuzchen war es im Angesicht bedrohlich kriechender Bodennebel nicht mehr zum Krächzen zumute. Als Jan und Carla zu Fuß in ihre kleine Doppelhaushälfte am Waldrand zurückkehrten, hatten sie sofort das ungute Gefühl, dass etwas ganz und gar nicht stimmte. Dass etwas Böses in der Luft lag wie ein uralter Druiden-Fluch. Endlich zu Hause angekommen, entkleideten sie sich bedrückt, schweigend in ihrem halbdunklen Schlafzimmer, und ein jeder las in des anderen Augen die bange Frage, ob dies wirklich der richtige Augenblick, die richtige Nacht sei, um endlich wieder einmal den ungeduldigen Stoßseufzern ihrer leicht alkoholisierten Körper nachzugeben. Als sie dann unter der tröstlich-warmen Bettdecke zu einem ersten zaghaften Kuss ansetzten, geschah es plötzlich! Wieder wurde ihr schlimmster Albtraum wahr: Die Zimmertür flog ihnen entgegen wie das Tor zur Hölle, und zwei grauenerregende Dämonen stürzten brutal in die Dunkelheit, unbarmherzig schreiend. Sie warfen sich sofort auf das Bett der vor Schock erstarrten Liebenden, um sich brutal und ohne Mitleid zwischen sie zu zwängen. «Mama, Papa, gibt es Haifische in unserer Kanalisation?», krächzte der jüngere der beiden Dämonen aufgewühlt. Und Jan, der innerlich schier daran verzweifelte, auch diese Nacht auf nur wenigen Quadratzentimetern Matratze verbringen zu dürfen, wusste, dass seine Söhne sich wieder einmal verbotenerweise bei seinen Gruselfilm-DVDs bedient hatten.»

(Aus: *Gespensterjäger Johann Sinkler jagt die Heimlichgucker*, Lastei-Bübbe Verlag)

Dabei hatte Horrorfan Jan doch seine beachtliche Sammlung Horrorfilm-Klassiker extra immer im Arbeitszimmer eingeschlossen. Wie konnte das angehen? Nun, selbst die Kindersicherung am DVD-Spieler stellte keinen Hinderungsgrund für die zwei Heimlichglotzer dar, hatten sie das Gruselmachwerk doch einfach in Mamas Laptop geschoben. In der Woche zuvor hatten sie sogar mit dem alten Kreditkartentrick die abgeschlossene Tür zum Wohnzimmer geöffnet und im Fernsehen eine Wiederholung von *Buffy – Im Banne der Dämonen* geschaut – die Serie, der (Ale)Xander ja immerhin seinen Namen verdankt, während Bela natürlich eindeutig der Erbe des großen ungarischen Dracula-Darstellers Lugosi ist. Und auch wenn Jan wegen ähnlicher Kindheitsaktionen seinerseits noch so viel Sympathie für seine beiden horrorsüchtigen Nachwuchs-Monster aufbringen konnte, es musste was geschehen, damit er endlich das Bett mal wieder für sich alleine hatte, oder besser gesagt, für sich und seine unbefriedigte Braut der Finsternis.

Der Trick: Voll paranormal, ey!

Von Jan (38), Koch, für seine Söhne Bela (7) und Xander (10)

Als Jan und Carla wieder mal kurzfristig keinen Babysitter bekommen und dennoch beide lange im Restaurant arbeiten müssen, öffnet sich schon bald nach Einbruch der Dunkelheit die Tür zum Wohnzimmer, die diesmal glücklicherweise nicht abgeschlossen ist. Fiebrige Teenagerhände starten DVD-Spieler und Fernsehgerät. «Krass!», ruft Xander, «sie haben die Kindersicherung vergessen!», und schwenkt zufrieden eine DVD mit dem Extended Director's Cut vom *Exorzisten*, den er in einem unbeobachteten Augenblick in Papas Arbeitszimmer aus der

Hülle gewieselt und durch eine Justin-Bieber-CD ersetzt hat. «Torben aus der Sechsten meint zwar, dass der ziemlich lahm ist, aber ich hab in der Eile keinen anderen zu fassen gekriegt.»

Bald schon sitzen die beiden abgebrühten Teufelsaustreiber mit in die Lehnen verkrampften Händen auf dem Sofa, während im *Exorzisten* unheimliche Veränderungen mit der kleinen Regan passieren. Xander und Bela werfen sich einen bemüht lässigen Blick zu und versuchen zu grinsen. Oh ja, die zwei sind echt cool. Bis sie plötzlich ein seltsames Brummen aus dem Bücherregal wahrnehmen, kurz bevor ein fieses rhythmisches Klopfen und Klicken die Gegenwart von etwas Unerklärlichem und Grauenhaftem ankündigt. Langsam drehen Xander und Bela die Köpfe, und ihre Kopfhaut beginnt zu jucken, als auf einmal unter schrecklichem Gekicher wie von Geisterhand nacheinander die Bücher aus dem Regal poltern! «Eeeh la uuuhna oh kay!», schreit jemand mit gehässiger Grabesstimme, und während im Film gerade eine lockere Siebziger-Jahre-Party gefeiert wird, herrscht auf dem Sofa davor Panik pur. Xander und Bela sprinten schreiend in ihr Kinderzimmer, während das lärmige Spukwesen ihnen höhnisch hinterhersingt, und verriegeln sofort die Tür von innen. Mit bis zum Hals pochenden Herzen warten sie auf die Rückkehr ihrer Eltern, die zum Glück schon recht bald erfolgt. Und während Carla die beiden Häufchen Espenlaub wieder mal mit in ihr Bett nimmt, verspricht Jan, noch schnell im «Spukzimmer» nach dem Rechten zu sehen. Er schaltet erst mal den Fernseher aus, bevor Regan, die mittlerweile vom Teufel besessen ist, Obszönitäten zu brüllen beginnt.

Anschließend holt er die elektrische Zahnbürste aus dem Bücherregal sowie den bunten Furby, eine elektronische Puppe, die er sich bei einem Kollegen ausgeliehen hat. Dieser hatte Jan nämlich erzählt, dass der dauerplappernde, lustig tanzende und Lieder singende Fellknäuel seine Kinder mal ganz schön erschreckt hätte, als er mitten in der Nacht plötzlich angesprungen sei, grässlich gelacht und in Phantasiesprache drauflosgeflucht habe. Und das hat Jan auf die fiese Idee gebracht. Die Zahnbürste wurde am Furby festgewickelt und in eine Zeitschaltuhr gestöpselt, diese dann auf halb zehn gestellt und das ganze Konstrukt hinter den Büchern im Regal versteckt, die dafür lose an den Rand geschoben wurden. Dann nur noch die Zeitschaltuhr in die Steckdose, fertig. Punkt halb zehn schaltete sich die Zahnbürste an, durch deren Vibrieren erwachte wiederum der mit einem Bewegungssensor ausgestattete Furby, kreischte sofort drauflos, tanzte wackelnd und warf so auch gleich noch die Bücher aus dem Regal. Tja, eine Verkettung unheimlicher Umstände, denkt Jan lächelnd. Die beiden Horrorfans wird er zwar garantiert eine ganze Woche lang nicht mehr aus seinem Ehebett rauskriegen, aber ein hammerharter Gruselschocker wird dafür eine Weile lang ebenso garantiert nicht mehr geschaut werden. Das rechtfertigt doch wohl ein bisschen «Shock-Treatment» und beengtes Wohnen.

17. Süße Supermarktkasse

«Ist die Kleine nicht süß?», «Ach, was für eine Süße», «Neeee, wie süß!». «Süß» ist die amtliche deutsche Standardbezeichnung für jedes Kind. So sauer der Deutsche auch dreinblickt, so süß sind seine Kinder. Sooo süß. Kein Wunder, bei dem, was sich manche Kinder jeden Tag an Süßem reinpfeifen, müssten sie eigentlich Schokolade scheißen. Überall greifen die Kleinen Süßigkeiten ab. Warum sie das tun, ist nicht genau geklärt. Die von deutschen

Journalisten dauerzitierten Phantasie-Orakel, also «amerikanische Wissenschaftler», haben gemeldet, dass Kinder den süßen Geschmack von der Muttermilch kennen. Liefern sie uns damit bereits die Lösung für das Dauergequengel an der Supermarktkasse? Stillen? Blank ziehen in der Warteschlange? Vielleicht ist das die Lösung. Vielleicht wäre es aber besser, die Szene fotografisch festzuhalten, damit der Nachwuchs das Bild in nicht allzu ferner Zukunft seinem Therapeuten zeigen kann. Das spart Therapiezeit. Egal wie man es macht, man macht es falsch. Warum macht man es also nicht folgendermaßen falsch?

Der Trick: Die Bodenoffensive

Von Sarah (39), Designerin, für ihren Sohn Paul (7)

Wenn Paul an der Kasse quengelt und schreit, schafft er es, selbst die Aufmerksamkeit der Frauen an der Fleischtheke zu bekommen. Und die sind gut zwanzig Meter entfernt. Aber das reicht ihm nicht, Paul ist ein Dramen-Liebhaber. Er wirft sich auf den Boden, zappelt, schreit wie am Spieß, und seine Gesichtsfarbe wechselt von Dunkelrot zu Lilablau. Sarah denkt sofort an die vielen Tipps aus ihren Erziehungsratgebern, befolgt aber keinen davon. Sie ist so wütend wie seit ihrer Scheidung nicht mehr. Spontan wirft sie sich neben Paul auf den Boden und schreit und zetert genau wie er. Der Kleine kann nicht glauben, was er da hört und sieht, und hält inne. Alle Umstehenden schauen die beiden an. Die Kunden und Kassierer sind entweder geschockt oder lachen. Und dann passiert etwas, womit Sarah nicht gerechnet hätte. Paul steht ruckzuck auf, macht keinen Mucks mehr und schaut sie beschämt an. Ja, selbst kleine Schrei-Monster können Scham empfinden. Sarah schwingt sich wieder in die Senkrechte, grinst die Umstehenden an, zahlt und verlässt mit ihrem Sohn eilig den Supermarkt. Paul hat sich nie wieder in einem Supermarkt auf den Boden geworfen. Und er ist bis heute nicht verhaltensauffällig geworden ... so wie seine Mutter.

Diesen Trick sollten Sie vielleicht nicht im Supermarkt um die Ecke ausprobieren. Lieber an einem Ort, wo Sie niemand kennt, damit nicht plötzlich Ihr Chef vor Ihnen steht, während Sie plärrend auf dem Boden liegen.

18. Süße Supermarktkasse, noch zwei Opfer

«Es gibt doch diese Veggies, diese fleischlose Bewegung, okay, ist nicht so meins, aber was mich persönlich echt nervt, ist, dass es überhaupt keine zuckerlose Bewegung in Deutschland gibt!», wettert Melanie. «Alle werden immer fetter, weil überall dieser scheiß Zucker drin ist. Ein bisschen ist ja okay, aber die geldgeile Industrie pumpt ja überall ihren scheiß Zucker rein! Die verkaufen uns Zuckerbomben als vitaminreiche Vollwertkost mit der Extraportion Milch und machen unsere Kinder davon abhängig. Diese scheiß Zuckerbombenleger!»[2]

Melanie kauft an der Supermarktkasse eine dieser Zuckerbomben, über die sie sich so aufregt und vor denen sie ihren sechsjährigen Sohn Luis gern retten möchte. Sie möchte aber auch sich selbst retten, und zwar vor seinem Zuckerriegelsuchtgeschrei an der Kasse, das ihren Blutdruck jedes Mal hochschnel-

2 Wir geben Melanies Meinung zur Zuckerindustrie geschönt wieder. Vielleicht bekommen wir für dieses Buch ja noch einen Werbepartner aus der Zuckerindustrie. Und mit dem wollen wir es uns nicht verscherzen. Also: Zucker ist guuuuut!

len lässt. Also macht sie mit dem Inhalt des Riegels das, was man mit Bomben machen muss, entschärfen. Sie spielt ihr eigenes Bombenentschärfungskommando und isst den Riegel auf (jaja, Konsequenz ist ein schwieriges Wort). Aber das Entscheidende: Sie behält die Verpackung für einen ziemlich perfiden Trick.

Der Trick: Mütterschokolade

Von Melanie (37), Cateringbetreiberin, für ihren Sohn Luis (6)

Melanie baut ihren eigenen Riegel. Sie stampft eine feste Möhrenkartoffelpampe zusammen und formt daraus einen Ersatzriegel. Darüber gießt sie gesunde, herbe Schokosauce. So sieht das Ding richtig echt aus. Diesen Riegel presst sie in das Originalpapier und klebt die Verpackung wieder schön säuberlich mit einem Extrastreifen Tesafilm zu, damit der Riegel nicht sofort aufgerissen werden kann.

Als sie das nächste Mal an der Kasse steht und ihr Sohn Luis wieder schreit und bettelt, gibt sie ihm ihren eigenen Riegel: «Guck mal, den hat die Mama schon gestern für dich gekauft.» (Das ist noch nicht einmal gelogen!) Freudig versucht der Kleine, die Verpackung aufzuknibbeln. Damit ist er dank des Klebestreifens beschäftigt, bis Melanie mit ihm wieder draußen ist. Ganz ohne Ärger schlüpft sie durch die Kasse. Kein erhöhter Puls, kein verschwitztes Top. Melanie kann ihr Glück kaum fassen.

Draußen öffnet Luis den Riegel. Melanie schaut ihm mit einer Mischung aus Schadenfreude und Schuldgefühl dabei zu. Darf sie ihren Kleinen so belügen? Sollte sie nicht lieber an der Kasse an einem Herzinfarkt sterben? Sterben in Erfüllung der Mutterehre, das eigene Kind niemals zu veräppeln? Aber wen wird ihre heldenhafte Tat kümmern? Wo sind sie, die Denkmäler für Mütter, an denen Kirchenchöre und Musikkapellen Loblieder auf heroische Erziehungstaten anstimmen?

Jetzt beißt Luis zu und schaut angewidert auf den Riegel. Melanie kann sich vor Lachen kaum halten, reißt sich aber zusammen und fragt ihn mit gespielt fürsorglichem Blick, ob alles in Ordnung sei. Nein, das ist es wohl ganz und gar nicht. Und was Melanie dann macht, ist schwer zu erlernen, das muss man einfach im Blut haben. Melanie entrüstet sich vor ihrem Sohn. Sie, Melanie, werde sich über diesen Supermarkt beschweren, in dem es offenbar keine leckeren Riegel mehr zu kaufen gebe. «In diesem Supermarkt kaufen wir ganz bestimmt keine Süßigkeiten mehr an der Kasse ein. Nie wieder!» Luis nickt zustimmend: «Die schmecken hier eklig.» Alle anderen Produkte wird Melanie dort aber natürlich weiterhin kaufen. Schließlich ist der Supermarkt direkt neben ihrer Wohnung.

19. Kübelweise Gemüsedialog

Auf einem kleinen Bauernhof stehen zwei Gemüsekisten nebeneinander. In einer Kiste liegt Herr Broccoli, in der anderen liegt Frau Möhre. Herr Broccoli schaut zu Frau Möhre herüber und ruft gut gelaunt: «Ey, Möhre, weißt du, was ich eben gehört habe? Wir werden nicht gegessen, wir werden überleben. Ja, sie bringen uns in einen Kindergarten. Und Kinder essen kein Gemüse.»

«Ja, ja, ich hab's gehört. Und warum freust du dich darüber?»

«Ja, kapierst du nicht? Wir werden überleben. Überleben!»

«Ist dir Doofmann eigentlich schon mal aufgefallen, dass sie dir die Wurzeln abgeschnitten haben? Du wirst nicht überleben, du wirst verfaulen!»

«Ja, schon, aber ich werde auf jeden Fall *länger* leben. Ich werde nicht sofort gegessen, nur das zählt.»

«Nur das zählt? Bei so viel Ignoranz weiß ich ja gar nicht, wo ich anfangen soll. Eine Frage: Hast du dich jemals mit der Logotherapie nach Viktor E. Frankl befasst? Ich denke nicht, denn sonst wüsstest du, dass es nicht auf die Länge des Lebens ankommt, sondern auf den Sinn. Aber wie soll man das einem Mann erklären? Ich möchte jedenfalls lieber einem anderen Wesen Genuss und Lebensverlängerung sein und dafür etwas früher, aber sinnvoll sterben, als in einer Kiste zu verfaulen. Denn sterben werden wir so oder so bald.»

«Ja, aber eben nicht sooo bald. Wir ... äh ... wir könnten ja vorher noch Sex haben.»

«Was? Idiot!»

Wie geht diese fabulöse Gemüsegeschichte wohl aus? Werden wir noch Zeuge von wildem Biogemüsesex? Wir werden sehen.

Der Trick: Houdini und die zwei Kübel

Von Yvonne (29), Studentin, für ihre Tochter Lina (4)

Yvonne schaut in eine Gemüsekiste und zeigt den Inhalt ihrer Tochter Lina: «Guck mal, Lina, die Jenny hat mir aus dem Kindergarten Gemüse mitgegeben. Das hier ist übrig geblieben.»

Lina blickt verächtlich auf das Gemüse: «Iiiih, bäh!»

Yvonne kennt die Ansichten ihrer Tochter: «Na ja, bei dem Broccoli hast du recht, der ist schon hinüber. Aber guck mal hier, die Möhren sind noch gut, willst du Möhren?»

«Neiiin!», ruft Lina.

«Lina, wenn du stark werden willst wie der Papa, dann musst du Gemüse essen.» «NEIN!»

Die Kraft, die sie eine Endlosdiskussion mit ihrer Tochter gekostet hätte, steckt Yvonne lieber in die Gartenarbeit. Ihre großen Blumenkübel warten darauf, aus dem Winterschlaf geholt zu werden. Yvonne schiebt den ersten Kübel auf die Terrasse. Der Kübel ist innen trocken und lässt sich leicht bewegen. In den nächsten Kübel aber ist trotz der Abdeckplane Wasser gelaufen, er ist viel schwerer. «Zwei gleich aussehende Kübel, der eine leicht, der andere schwer», denkt Yvonne, und grinst wie der Zauberkünstler Houdini in seinen besten Jahren.

Als Yvonne später die Möhren auftischt und Lina sie wie vermutet nicht anrührt, sagt Yvonne: «Pass auf, wenn du den Kübel da draußen heben kannst, ohne die Möhren zu essen, dann fordere ich dich nie wieder auf, Gemüse zu essen. Aber wenn du ihn nicht heben kannst, isst du das Gemüse.»

Lina grinst, einem Wettbewerb ist die Kleine noch nie aus dem Weg gegangen: «Okay, ja, mach ich.»

Lina rennt hinaus und fasst den schweren Kübel an. Den anderen hat Yvonne unter der Plane versteckt. Lina drückt und schiebt und hebt, aber der Kübel bewegt sich nicht. «Zu schwer, Mama.»

«Ja, ich weiß, also iss jetzt ein paar Möhren, und dann schauen wir weiter, ja?»

«Ja, gut, aber nur ein paar.» Lina rennt in die Küche, während Yvonne hinter ihrem Rücken die Kübel vertauscht und ihr anschließend folgt.

«Zwei kleine Möhrchen reichen nicht, ich glaube, man braucht mindestens drei, damit es richtig wirkt.»

Lina schiebt noch eine Möhre hinterher, flitzt dann wieder hinaus in den Garten und zerrt an dem Kübel.

«Hahaha, Mama hier, ich bin stark», mit lautem Lachen schiebt sie den Kübel über die Terrasse, «wie der Papa, jaaa!»

«Na, was hab ich dir gesagt», lächelt Yvonne, «das kommt nur vom Gemüse!» Sofort geht Lina wieder rein, isst die restlichen Möhren auf, kommt wieder zurück und schleppt den Kübel noch weiter.

Und so erfüllte sich das Schicksal der Möhre, wie sie es sich gewünscht hatte. Und wenn sie nicht gestorben ist ... oh, Moment, doch, sie ist gestorben. Na ja, so ist das Leben.

20. Snacks und hopp

Die kleine Raupe Nimmersatt ist immer noch eines der berühmtesten Kinderbücher. Es handelt von einer Raupe, die aus einem Ei schlüpft und sich dann eine ganze Woche lang durch alle möglichen Lebensmittel frisst. Das besonders Anschauliche an diesem Buch: Dort, wo die durchfressenen Lebensmittel dargestellt sind, finden sich auch durchlöcherte Buchseiten.

«Am Montag fraß sie sich durch einen roten Apfel, aber satt war sie noch immer nicht. Am Dienstag fraß sie sich durch zwei grüne Birnen, aber satt war sie noch immer nicht. Am Mittwoch ...» So geht es weiter und weiter in diesem Buch. Und wer denkt, es bliebe beim Obst, der hat sich geschnitten. Die kleine verfressene Raupe frisst alles, was nicht bei drei aus dem Buch gesprungen ist. Und am Ende der Woche, wenn die Raupe sich rund und fett gefressen hat, verpuppt sie sich, wird zu einem schönen Schmetterling und fliegt davon.

Was soll das? Was um Himmels willen erzählen wir da unseren Kindern? Welche Moral soll diese Geschichte enthalten? Friss so viel du willst, friss alles auf, selbst Buchseiten, und dann, wenn du eine rundum gemästete, fette Raupe bist, dann liegst du nicht etwa mit Diabetes und Herzkreislaufbeschwerden im Bett, nein: Du wirst ein Schmetterling und fliegst davon!

Daher haben wir vermutlich all die adipösen Kinder. Die essen und essen und stopfen alles in sich hinein, und dann? Wer nennt so ein Kind auf dem Schulhof Schmetterling? Niemand! Die fette Raupe Schwabbelkopf, so wird dieses Kind dann genannt. Also: Augen auf beim Kinderbuchkauf! Sonst muss man sich wie Ramona nimmersatter Kinder erwehren und sich Tricks ausdenken, damit sie einem keine Löcher in die Wohnung fressen.

Der Trick: Die kleine Raupe Immerfit

Von Ramona (39), Mutter und Hausfrau, für ihre Kinder Titus (9) und Leon (6)

Immer wenn Titus und Leon süße Snacks wollen, sagt Ramona: «Ihr wollt Süßes? Viel Spaß beim Suchen!» Ramona hat die Süßigkeiten in ihrer Wohnung verdammt gut versteckt. Ob hinter dem Bücherregal, im Regenschirmständer oder, und das ist wirklich hinterlistig, in den Hosen, die die Kinder gerade tragen. Die beiden suchen wie an Ostern die ganze Wohnung ab, während Ramona ihnen Tipps gibt: «Kalt, warm, kalt, heiß, uhhh ... kalt!» Manchmal dauert das Spiel über eine halbe Stunde. Die Kinder toben durch die ganze Wohnung, und es ist schon vorgekommen, dass sie die Süßigkeiten dabei vergaßen und etwas anderes spielten. «Die Kalorien, die sie sich anfuttern, die sollen sie schon bei der Jagd danach verlieren», meint Ramona. Und so bleiben die beiden immer noch rank und schlank.

21. Risiko, living on the edge

Das Leben gehört mit zum Gefährlichsten, womit man sich so seine Zeit vertreiben kann. Gefahren lauern überall, egal ob bei der Obsternte oder beim Jonglieren mit laufenden Kettensägen. Statistisch gesehen warten der Tod und sein kleiner Bruder Verstümmelung jedoch hauptsächlich im alltäglichen Haushalt auf unvorsichtige Opfer, und diese Rate steigt noch einmal massiv an, wenn dieser Haushalt zusätzlich von einem oder mehreren (männlichen) Kindern bevölkert wird. Jungs ist es irgendwie tief im Erbgut verankert, kein Risiko auszulassen, denn starkes Draufgänger-(Angeber-)tum will früh trainiert sein. Todesverachtende Sprünge zwischen weit auseinanderstehenden Sofas, Salti von Hochbetten auf Kissenburgen, wacklige Stuhltürme, um an Süßes in hohen Regalen zu gelangen, Experimente mit Metallkleiderbügeln und Steckdosen – manchmal ist es geradezu verwunderlich, dass unsere Welt nicht nur noch aus Amazonen besteht, sondern es trotzdem ein gewisser Prozentsatz der XY-Chromosomen fertigbringt, das Erwachsenenalter zu erreichen.

Bisher war Ulfs Umgang mit der Gefahrensucht seines Sohnes Gereon davon geprägt, hin und wieder mal über einen Sinnspruch auf Gereons zukünftigem Grabstein nachzudenken, so etwas wie: «Wer hätte geahnt, dass Wandteppiche tödlich sein können?», oder: «Messer, Gabel, Schere, Licht ... waren in seinen Händen noch das Harmloseste!» Jeden Abend aufs Neue sind Ulf und seine Frau dankbar für einen Tag, den sie nicht zum größten Teil in der Kinder-Notaufnahme des Krankenhauses verbringen mussten. Manchmal hat Ulf das Gefühl, dass erst seine langen und intensiven Warngespräche über die Gefahren des Alltags Gereon auf die Idee bringen, welches sein nächster Job als Kinderstuntman sein könnte.

Dann plötzlich der Einfall, als Ulf Gereon in der windgeschüttelten, zerbrechlichen Spitze des Apfelbaums beobachtet, wie ein Meuterer auf der Bounty, den Captain Bligh zur Strafe in die Wanten geschickt hat, um das Top-Segel einzuholen. Ulfs sich im Angesicht des Grauens gnädig schließende Augenlider blenden die harsche Wirklichkeit in seinem Kopf aus, und der dermaßen beruhigte Ulf-Verstand lässt gleichzeitig eine Idee reifen ...

Der Trick: Danger-Man

Von Ulf (40), Handelsvertreter, für seinen Sohn Gereon (7)

Als Gereon am nächsten Tag aus der Schule kommt, trägt Ulf beide Arme in einer Schlinge und gibt vor, beim Äpfelpflücken aus dem Baum gefallen zu sein. «Nachdem ich gesehen hatte, wie kinderleicht dir das gefallen ist, da hochzuklettern, dachte ich, ich könnte das auch!» Gereon grinst. Warum müssen diese Alten sich auch immer überschätzen? Schnell stellt sich aber heraus, dass zwei «verstauchte» Arme auch einen Einbruch an Lebensqualität für Gereon bedeuten, denn sein Vater kann jetzt weder seine Hausaufgaben für ihn machen noch seinen Küchendienst noch mit Gereon auf die versprochene Fahrradtour am Sonntag. Dafür hat Ulf Mama einen Spezialausweis ausdrucken lassen, den er ihm jetzt mit ernster Miene überreicht. «Sicherheitsinspektor», plus Personalien und Foto von Gereon. «Das ist ein wichtiger Job, Sohn, damit so was wie das hier», er hebt seufzend beide Arme in ihren Schlingen, «nicht mehr passieren kann. Du musst für deine ungeschickten Eltern alle Sicherheitsrisiken in Haus und Garten erkennen und gebührend kennzeichnen.»

Schon hängen überall kleine rote Sicherheitsdreiecke, und

Gereon trötet auf einer Plastiktrompete drauflos, wenn seine Eltern sich einem möglichen Gefahrenherd nähern. Spielerisch hat er jetzt alle Gefahren im Haushalt ausgemacht, und da er sich (zum ersten Mal in seinem Leben) für seine Eltern verantwortlich fühlt, muss er eben auch mit einem guten Beispiel vorangehen und alle möglichen Todesquellen selbst geschickt umgehen. Gefährlich kann er später immer noch leben, wenn er seine Eltern sicher in das Seniorenstift gebracht hat.

22. Gegen den Willen stillen

Ein Mann schaut einer Frau nie in die Augen, ein Mann schaut einer Frau immer auf die Brüste. Das stimmt. Vor allem, wenn der Mann zwei Jahre alt ist und Hunger hat. Der kleine Andreas war immer ganz wild auf Muttis Milch, bis seine Mutter aus gesundheitlichen Gründen nicht mehr stillen konnte. Darauf wollte der Sprössling aber überhaupt keine Rücksicht nehmen und quengelte lang und laut. «Milch macht müde Männer munter, aber wie munter die ohne Milch werden können, sagt einem ja auch keiner», meint Magdalena erschöpft.

Der Trick: Scharf auf Milch

Von Magdalena (damals 25, heute 65), Unternehmerin, für ihren Sohn Andreas (damals 2, heute 42)

Magdalena hat zum Abstillen einen alten Trick ihrer Mutter angewandt. So waren die Zeiten damals, denkt man. Wer heute so etwas macht, steht schon mit einem Bein im Pädagogik-Knast.

Denn Magdalena hat etwas sehr Ungewöhnliches getan, sie hat sich Senf auf die Brust geschmiert. Immer wenn Andreas Milch wollte, schmeckte er Senf, verzog das Gesicht und wandte sich ab. Und so ließ sein Verlangen langsam, aber sicher nach. Der Trick ging auf, und Magdalena konnte sich erholen.

Aber, so fragen sich die psychologisch und pädagogisch geschulten oder wenigstens interessierten Leserinnen und Leser sofort: Hat das denn überhaupt keine Auswirkungen auf Andreas im Erwachsenenalter gehabt? Doch:

23. Essen unter den Tisch fallen lassen

Die fünfjährige Alba mag Tiere über alles. Sie spricht mit jedem Regenwurm, als sei er ihr bester Freund: «Und was machst du heute Nachmittag? Gehen wir zusammen in den Zoo?» Sobald ein Tier aber seinen Lebensgeist ausgehaucht hat, stirbt damit auch Albas Respekt vor ihm. Wenn ein Fisch auf ihrem Teller liegt, stochert Alba mit der Gabel in ihm herum, als wolle sie ihn ein zweites Mal umbringen. Das restliche Essen erhält eine ähnliche Behandlung. Auf die Kartoffeln prügelt sie ein wie ein testosteronbesoffener Kirmesboxer, und der Spargel wird so oft guillotiniert, bis nur noch Spar-Gel übrig geblieben ist. Was davon nicht sofort in den Mund will, wird vom Teller auf den Tisch und von dort auf den Boden gewischt. Albas Mutter Elvira sitzt betont aufrecht am Tisch und sagt: «Wer zu Hause wie ein König isst, isst bei Königen wie zu Hause!» Das ist ein wunderbar aristokratiehöriger Leitsatz, den Alba wunderbar überhört und sich lieber an den Sinnspruch von Elviras Freundin Bianka hält: «Bei uns kann man vom Boden essen. Nicht weil es so sauber ist, sondern weil da so viel rumliegt.»

Der Trick: Bodenhaltung

Von Elvira (34), PR-Abteilungsleiterin, für ihre Tochter Alba (5)

Elvira füllt Paella auf einen Pappteller, holt Messer und Gabel aus der Schublade und stellt alles auf den Boden neben dem Küchentisch. Dann faltet sie eine Decke zu einem Sitzkissen zusammen, und fertig ist der neue Essensplatz für Alba. «Halt», denkt Elvira, «etwas fehlt noch», und dekoriert kunstvoll eine Serviette neben Albas Pappteller. Als Alba zum Essen hereingestürmt kommt, sagt Elvira: «Ich denke, es ist praktischer, wenn du gleich dort isst, wo dein Essen sowieso landen wird, ja?»

«Super, cool», ruft Alba. Damit hat Mutter Elvira nicht gerechnet. Dabei ist es die einfachste Regel überhaupt: Kinder lieben Abenteuer. Auch wenn es nur statt Bodenturnen mal

Bodenessen ist. Doch nach der ersten Belustigung folgt ebenso zuverlässig die Enttäuschung. «Und was jetzt? Was passiert jetzt?», fragt Alba.

«Nichts, du isst da unten.»

«Nein, jetzt hab ich aber keine Lust mehr.» Und schon holt sich Alba einen Stuhl, um sich wieder zu Mama, Papa und ihrer großen Schwester an den Tisch zu setzen.

Elvira und ihr Mann Samuel wollen zunächst konsequent bleiben, aber Alba legt schneller eine herzzerreißende Traurigkeit auf ihr Gesicht als eine Avon-Beraterin ihr Rouge. Die kurze Bodenesser-Episode hat dennoch gereicht. Alba achtet jetzt mehr auf ihr Essen. Ist es nicht erstaunlich, was ein kurzer Perspektivwechsel so alles erreichen kann? Alba würde mit ihren Tischsitten in einem Königshaus zwar immer noch auffallen, aber immerhin würde keine Kleinfamilie mehr von dem satt, was sie bei jedem Essen auf den Boden fegt.

24. Gummistiefel sind gesund

IRENE: «Vanessa, du ziehst jetzt die Gummistiefel an!»

VANESSA: «Nein!»

IRENE: «Vanessa, wir können nicht rausgehen, es ist überall nass.»

VANESSA: «Nein!»

IRENE: «Doch, es ist nass, du bekommst nasse Füße. Willst du nasse Füße?»

VANESSA: «Nein ... ja!»

IRENE: «Nein, willst du nicht. Komm, sei doch vernünftig.»

VANESSA: «Nein!»

IRENE: «Ach, Schatz, komm, ich ziehe dir jetzt die Gummistiefel an, ja? Komm her.»

VANESSA: «Neiiiiin, Neiiiiin, Neiiiiiiiiin!»

IRENE: «Gut, dann gehe ich eben alleine, dann bleibst du hier.»

Vanessa schweigt. Irene tut so, als ob sie ginge.

IRENE: «Ich gehe ...»

Vanessa guckt Irene stumm an. Irene geht zielstrebig Richtung Tür.

IRENE: «Ich hab's dir gesagt, dann musst du allein hierbleiben.»

Vanessa blickt Irene ernst an. Irene ist an der Tür.

IRENE: «Dann gehe ich jetzt ... ich geheeee ...»

Vanessa guckt grimmig. Irene nimmt die Türklinke in die Hand.

IRENE: «Ich geheeeeeee ...»

Vanessa guckt noch grimmiger. Irene drückt die Türklinke herunter und zieht die Tür auf.

IRENE: «Jeheeeetzt ...»

Vanessa starrt Irene mit ihrer brummigsten Miene an.

IRENE: «So, jetzt bin ich weg ...»

Irene macht einen Schritt zur Tür hinaus, kehrt aber sofort wieder um.

IRENE: «Gut, dann bleiben wir eben zu Hause, basta.»

VANESSA: «Nein!»

Der Trick: Die gestiefelte Prinzessin

Von Irene (42), Angestellte, für ihre Tochter Vanessa (4)

Als Irene Vanessa abends zu Bett bringt, liest sie ihr wie immer Märchen vor. Zurzeit mag Vanessa am liebsten die Märchen mit der schönen Prinzessin. Als Irene gerade an der Stelle angekommen ist, wo die Prinzessin aus dem Schloss hinausgeht, wandelt sie das Märchen etwas ab: «Und dann trat die schöne Prinzessin in eine riesige, dreckige Pfütze, und ihr hübsches rosafarbenes Kleid war versau... verschmutzt, und ihre Füße waren patschnass. Das ärgerte die Prinzessin sehr, sie wollte doch gerade mit den Elfen und dem lustigen Kobold spielen. Aber mit einem schmutzigen Kleid und nassen Füßen geht das natürlich nicht. Das haben ihr die Elfen auch gesagt: ‹Du willst doch wohl nicht mit nassen Füßen spielen, oder? Mit nassen Füßen holt man sich eine Erkältung und wird krank. Dann steckst du uns mit deiner Krankheit an und das Schlimmste, den Kobold auch. Und der schrumpft, wie man weiß, bei jeder Krankheit um eine ganze Fußlänge. Schau ihn dir an, er misst ja nur noch einen Fuß. Nach der nächsten Krankheit ist er ganz weggeschrumpft, für immer.› So sprachen die Elfen, und der Kobold guckte traurig. ‹Gut›, sagte die Prinzessin, ‹dann werde ich meine hübschen Gummistiefel anziehen und komme morgen mit trockenen Füßen wieder. Und dann spielen wir gemeinsam und singen das Gummistiefellied: Gummigummigummi, Gummigummigummi, wer keine trägt, der ist ein Dummidummidummi, Dummidummidummi ...›»

Aus Mitleid für den kleinen Kobold hat Vanessa ihre Gummistiefel zwar angezogen, aber Irene musste am nächsten Tag der Kindergärtnerin erklären, dass niemand in der Familie an einer schwerwiegenden Immunschwäche leidet, die ihn bei der nächsten Erkältung aus dem Leben wirft.

25. Aufmerksamkeitsdefizite. Bitte, was?

Wo waren wir? Ach so, ja: Kinder und ihre stark verkürzte Aufmerksamkeitsspanne. Alle Eltern kennen das vom «Wie war's in der Schule?»-Syndrom. Wenn beim gemeinsamen Mittagessen die Frage gestellt wird, dann wird selbige konsequenterweise immer mit einem knappen und lustlosen «Gut!» gekontert, das aus stark automatisierten Regionen des Kinderverstands zu uns dringt. Ein «Gut», das wir auch zu hören bekämen, wenn wir gefragt hätten: «Wie fändest du es eigentlich, wenn du drei Jahre lang kein Fernsehen mehr schauen dürftest?» Beim Mittagessen sind sie nämlich alle im Kopf schon ganz woanders: in der Freizeit, in der Zeit nach dem Mittagessen, in der unmittelbaren Zukunft. Man kann also, und zwar ohne sich allzu weit aus dem Fenster zu lehnen, feststellen, dass alles, was Kinder nicht sonderlich interessiert, auch nicht von großem Interesse für sie ist. Detektive hingegen interessieren sie. Detektive sind cool.

Der Trick: Elementar, mein lieber Nachwuchs

Von Werner (50), Atelierbesitzer, für seine Kinder Carla (6), Ida (10) und Andi (13)

Werners zwei Mädchen Carla und Ida sowie sein Sohn Andi sind die klassisch zerstreuten Professoren aus Wolkenkuckucksheim im traumtänzerischen Niemalshinhörland. Da kommen sie ganz nach Mama Anja ... und Werner selbst. Deshalb hat Werner jetzt das tolle «Sherlock-Holmes-Aufmerksamkeitsspiel» erfunden. Immer wenn Mama oder er den Kurzen etwas Wichtiges mitteilen oder irgendeinen Hausaufgabenkram erklären oder einfach mal nur konzentrierten Smalltalk mit dem Potenzial halbwegs vernünftiger Antworten führen wollen, schalten sie in den Sherlock-Modus, wie sie es nennen: «Achtung, es gibt Sherlock-Punkte» – und sofort kehrt Glanz in die Kinderaugen zurück. Dann haben Werner und Anja entweder eine äußerliche Kleinigkeit an sich verändert, oder sie haben etwas nicht Passendes in ihre Anmerkungen eingebaut, oder sie stellen abschließend so etwas wie eine Quizfrage inhaltlicher Natur.

Beispiele: Werner beschreibt Ida den Weg zum Kindergeburtstag, weil sie da mit dem Fahrrad schnell selbst hinkann. Dabei hat er sich eine Wäscheklammer ans Ohr gehängt. Danach sagt er: «Ach übrigens, es gibt Sherlock-Punkte, wenn du mir sagen kannst, was gerade an mir anders war als sonst.» Ida hat ausnahmsweise gut aufgepasst, und die Lösung fällt ihr nicht schwer. «Du hattest eine Wäscheklammer am Ohr!» Der Punkt wird dem Konto gutgeschrieben. Und einen Extrapunkt gibt es sogar noch, weil sich Ida gemerkt hat, bei der wievielten Ampel sie rechts abbiegen muss.

Oder Anja gibt Andi eine kurze Liste von Dingen, die er am Sonntag von der Tankstelle holen soll. «Klopapier, Milch, gezinkte Spielkarten und Batterien.» Meist ruft dann schon eins der Kinder: «Gezinkte Spielkarten gibt es nicht in der Tankstelle!», und fährt dafür zu Recht einen Sherlock-Punkt ein. Und für jeden korrekt von der Tanke mitgebrachten Artikel gibt es einen Extrapunkt. Vor der Erfindung des Sherlock-Holmes-Aufmerksamkeitsspiels konnte Anja schon froh sein, wenn Andi auf dem Weg zum Einkaufen nicht die Einkaufsliste verlor.

Oder Werner erklärt Klein Carla den Unterschied zwischen Plus und Minus, und danach sagt er: «Sou, du Dösbaddel, het givt en Extrapunkt, wenn du mir soagen kannst, was jess an dieser Erklärung gerode besunners war.» Und Carla sagt: «Du hast gesprochen wie Hein Blöd!»

Das Schöne an den Punkten ist übrigens, dass sie auf ein gemeinsames Konto wandern, d. h., alle ziehen an einem Strang, und die gesammelten Punkte können später in bare Spaßzeit investiert werden. Jeder Punkt ist eine Minute wert. So können mal 10 Punkte benutzt werden, um abends 10 Minuten länger fernzusehen oder einen X-Station- oder Play-Box-Level zu Ende zu spielen.

Detektiv spielen macht eben Spaß, so sehr, dass den Mini-Sherlocks Sachen auffallen, die von Werner oder Anja gar nicht beabsichtigt waren, wenn z. B. Werner Ida vor der Schule erklärt, um wie viel Uhr Mama sie heute abholen wird, und Ida plötzlich laut schreit: «Ich weiß es! Du hast noch Müsli zwischen den Zähnen!» Natürlich gibt Werner ihr dann einen Ehrenextrapunkt für ihre saubere Beobachtungsgabe, während er von mehreren Seiten schief angestarrt wird. Wer erziehen will, muss eben manchmal leiden.

Saubär hingekriegt

Erziehungstricks
No. 26–41

26. Haarewaschen war mal

Jakob (12) trägt sein schulterlanges, lockiges Haar wie ein Kämpfer seinen Harnisch. Er schöpft Kraft aus seinem dichten Haar so wie einst der biblische Samson, dem der Sage nach das Haar übermenschliche Kräfte verlieh. Anders als Samson, der sein Haar jeden Morgen in klarem Quellwasser wusch (der Überlieferung nach mit «Strong Bibelman Powercareshampoo» und einem Conditioner der Marke «LBLBC» – «Look Better Long Before Christ»), wäscht Jakob sein Haar so gut wie nie und vertraut auf die pflegende Wirkung von körpereigenem Fett. Kurz, er sieht so ungepflegt aus wie ein Langhaardackel, der in einen Topf mit Schmalz gefallen ist.

«Wie bringt man einen Zwölfjährigen dazu, sich häufiger die Haare zu waschen?», fragt sich seine Mutter Danielle, während sie ihr Gesicht mit einem Waschlappen abreibt und nun verdutzt in den Spiegel blickt. Vom Kinn bis zum Haaransatz glitzern ihr kleine Sternchen entgegen. «Oh nein, Kati!», schimpft Danielle. Ihre Tochter benutzt dieses Sternchenglitzerpulver und hat mal wieder den gebrauchten Waschlappen zurück zu den sauberen gelegt. «Oh ja, Jakob», lacht Danielle «das wird ein Spaß!»

Der Trick: Sternhaargelvoll

Von Danielle (34), Personal Trainerin, für ihren Sohn Jakob (12)

Als Jakob schläft, schleicht sich Danielle mit einer Tube des Glitzerpulvers in sein Zimmer. Sie verteilt die Sternchen in seinem Haar und stiehlt sich auf leisen Sohlen wieder hinaus. Am nächsten Tag steht Jakob vor dem Spiegel und sieht überall kleine Sternchen im Haar: «Wie kommt denn der Scheiß in meine

Haare?» «Keine Ahnung», schwindelt Danielle, «wahrscheinlich hast du ein Handtuch von deiner Schwester genommen oder so, dieses Zeug fliegt hier ja überall herum.» «Damit kann ich doch nicht in die Schule gehen, ich sehe ja aus wie eine Tusse!», schnauzt Jakob herum. «Ja, Haarewaschen hilft», erwidert Danielle zuckersüß. Und so geschieht es dann auch. Ein glitzernder Sieg für Danielle, aber ganz schön «hinthaarhältig».

«Hinthaarhältig» ist wohl der einzige Kalauer, der noch nicht als Name für einen Friseursalon herhalten musste. Ansonsten haben wir in unseren Städten schon alles gesehen: «Haargenau», «Haarscharf», «Haardcore», «Haarleluja», «Haarluzination», «HAIRberge», «Hier Hair!», «cHAIRrity» ... aber Platz eins belegt unserer Meinung nach immer noch der Salon: «Blick aufs Mhair».

27. Saubär hingekriegt

Wenn es um das Thema Sauberkeit geht, spricht Benita das Wort «sauber» immer wie «Saubär» aus und meint damit ihren Sohn Tom. Der Elfjährige ist aber nicht irgendein Saubär, er hat sich spezialisiert. Er tritt mit Lust in jeden Haufen Hundedreck, den er im Umkreis von zehn Kilometern finden kann und trägt ihn dann zielstrebig bis in die Wohnung. «Wirklich jedes noch so kleine und jedes noch so versteckte Häufchen», betont Benita, «selbst wenn ein Chihuahua-Hündchen hinten nur eine Zwischenmahlzeit rausgehauen und anschließend tief im Gebüsch verscharrt hat, Tom findet es und trampelt mit Schmackes rein. Er ist ein Trüffelschwein für Scheiße.» Aber alles Schimpfen nützt nichts, Tom läuft mit den versauten Schuhen bis in die Wohnung. Nur vor seinem Zimmer, das ist ihm heilig, vor seinem Zimmer zieht er seine Schuhe immer aus. Aber bis er dort ist, sieht der Rest der Wohnung eben schon reichlich beschissen aus.

Trick: Scheiß-Erziehung

Von Benita (38), Soziologin, für ihren Sohn Tom (11)

Benita betritt die Wohnung mit Schuhen, die offenbar in Hundescheiße gebadet haben. Sie spaziert in Toms Zimmer und schlendert dort unschuldig guckend herum. «Was is'?», fragt Tom, der am Computer sitzt und sie zunächst gar nicht beachtet hat.

«Och, nichts, ich lauf nur so 'n bisschen rum», flunkert Benita.

«AHHHH, du hast Scheiße am Schuh!», kräht Tom, als er die Fußabdrücke auf seinem Laminatboden sieht. «Bleib stehen, nicht bewegen, halt, halt!»

«Wieso, was meinst du?» Benita setzt ihr unschuldigstes Gesicht auf.

«Iiiiiih, da, Kacke!»

«Ach so, na ja, ich hab mir die Schuhe nicht ausgezogen.»

«Ey, okay, ich weiß, ich weiß, was du willst, ich zieh die Schuhe jetzt immer aus!»

«Tatsächlich?»

«Ehrlich, aber mach das weg, ey, mach das weg, iiihh!»

Mit ihrem Zeigefinger streift Benita etwas Braunes von ihrer Schuhsohle ab, schleckt daran und guckt angeekelt: «Uuhh, wirklich übel.» Gerade will sich ihr Sohn übergeben, da kichert Benita: «Das ist Schokolade, willste auch?»

Tom schaut drein wie ein begossener Pudel, dem man auf den Schwanz getreten hat. «Ey, du bist voll krank, weißt du das, Mutter? Voll krank!»

«Beim nächsten Mal, mein lieber Saubär, ist es keine Schokolade mehr, kapiert?» «Kapiert, Mutter! Aber lass dich mal untersuchen, wegen Psyche und so.»

28. Mundhygiene?

«Levent ist ein hübscher Junge, aber das wird ihm bei den Frauen später nichts nützen», sagt Aylin. «Wenn sie auf weniger als einen Meter an ihn herankommen, ist es vorbei, dann riechen sie ihn. Er stinkt aus dem Mund wie die Kuh aus dem Arschloch, wie meine Oma früher immer sagte.» Solche fabulösen Vergleiche interessieren den zehnjährigen Levent wenig, und er glaubt, seine Mutter übertreibe maßlos. Aylin arbeitet als Marketingspezialistin und meint, Levent habe so eine spezielle Duftnote, daraus könne er einen ganz eigenen Duft kreieren. Die Idee für einen Produkt-Werbespot hat sie auch schon:

AUSSEN PARIS, MONTMARTRE TAG

Totale. Ein gut aussehender Mann blickt von Montmartre aus über die Dächer von Paris. Nah-Einstellung: Sein Blick verrät, er könnte glücklich sein, aber etwas fehlt. Aus dem OFF hören wir eine sanfte Frauenstimme:

SPRECHERIN OFF

Sie öffnen Ihren männlichen Mund – und Ihr Atem riecht gut?

Der Mann nickt betroffen, während er weiter über die Dächer von Paris blickt.

SPRECHERIN OFF

Ihr Atem duftet nach frischer Minze und Lavendel?

Der Mann nickt, seine Betroffenheit weicht echter Traurigkeit. Eine Träne fließt über seine Wange. Er wendet seinen Blick von Paris ab und vergräbt das Gesicht schuldbewusst in seinen Händen. Die Kamera taucht mit ein in das Dunkel seiner Hände.
Schnitt: Da leuchtet aus seinen Händen ein in allen Farben schimmernder Flakon auf.

SPRECHERIN OFF

Aber jetzt hat Ihr Leiden ein Ende, mit: LEVENT Nummer 5! Dem verführerischsten Duft, seit es Nasen gibt.

Der Mann hält den Flakon mit der Aufschrift «LEVENT No5» freudestrahlend in den blauen Himmel, dann schüttet er sich von oben einige Tropfen in den weit geöffneten Mund.

SPRECHERIN OFF

Eine vollendete Mischung aus ranzigen Zwiebelmettbrötchen, Kuhfurz und totem Karnickel.

Der Mann blickt glücklich und atmet erleichtert aus. In diesem Moment lassen die Blumen in den Kübeln neben ihm ihre Köpfe hängen.

SPRECHERIN OFF

LEVENT Nummer 5 – Believe the Mief!

ENDE

Der Trick: Believe the Mief

Von Aylin (35), Marketingspezialistin, für ihren Sohn Levent (10)

Aylin fährt schweres Geschütz auf. Sie haut sich erst Zwiebeln rein, dann Knoblauch, schiebt einen Harzer Roller hinterher und gurgelt mit Bier. Dann kuschelt sie sich nah an Levent heran und atmet ihren Mausiknuddelstinkepups richtig deftig an. Der muss sich beinah übergeben. Als Aylin ihm erklärt, dass sein Atem ungefähr dasselbe anrichtet, entschließt sich der kleine Stinker, doch tatsächlich mal die Zahnbürste zu benutzen.

Nachtrag:

Das hat allerdings nicht mal eine Woche gehalten. Aber dann ...

29. Mundhygiene? Schon wieder?

Aylin möchte auch irgendwann einmal Oma werden. Dafür ist immer noch die Voraussetzung, dass Levent nicht einsam auf einem verlassenen Gehöft im Sauerland leben muss, weil in seiner Nähe kein riechendes Geschöpf überleben kann. Was Levent braucht, ist ein Mundgeruch, der nicht auf der UN-Verbotsliste über den Einsatz von Biokampfstoffen steht. Und er braucht ein strahlendes Lächeln. «Durch ein strahlendes Lächeln», sagt Aylin, «bist du ja erst auf die Welt gekommen. Das hat mich damals davon abgehalten, genau hinzuhören, was dein Vater so geredet hat. So etwas brauchst du auch unbedingt, sonst werde ich nie Oma.»

Der Trick: Believe the Teeth

Von Aylin (35), Marketingspezialistin, für ihren Sohn Levent (10)

Aylin holt ihr Fotoalbum heraus und zeigt Levent ein Bild ihres türkischen Opas. Der hat vorne überhaupt keine Zähne mehr. Aylin hat nicht die früher mangelnde Gesundheitsvorsorge in Anatolien angesprochen, sondern einfach gesagt: «Dein Uropa, der hat sich auch nie die Zähne geputzt und guck ihn dir an. Er hat nur eine Frau gefunden, weil deine Uroma fast blind war. Und überleg mal, wie es deinem Uropa jetzt geht. Er kann ohne Zähne überhaupt kein Fleisch mehr essen. Die Hähnchenschnitzel, die du so liebst, die müssen wir dir bald pürieren, und die kannst du dann mit dem Strohhalm trinken.» Dieser Anblick hat bei Levent dann doch länger als eine Woche gewirkt.

30. Waschen, Wasser marsch!

Paula und Oli sind Riesenfans von Wasser. Zum Mixen von Fruchtsäften oder bei großem Durst auch mal pur, zum Füllen von Supersoakern (für Im-letzten-Jahrtausend-Geborene: Das sind Riesenwasserpistolen), für chemische Experimente oder zum schnellen Kochen von fernöstlichen Nudelsnacks: Wasser ist ein echtes Multitalent. Neuerdings, mit dem Einzug von Paulas Pubertät und einer damit einherkriechenden Eitelkeit, wird es sogar gerne mal zum Waschen und Duschen benutzt, und zwar mehrere Stunden am Stück. Wenn nur das lästige Abdrehen des Wasserhahns nicht wäre. Aber das kann man ja ganz einfach umgehen, indem man's eben sein lässt. Dauert ja höchstens ein paar Stunden, bis Väterchen oder Muttchen ins Badezimmer gehen, den laufenden Hahn finden und ihn dann selber abdrehen. Da folgt dann zwar immer ’ne Standpauke, aber hören (oder besser gesagt: nicht hinhören) ist ja bei weitem nicht so anstrengend wie diese ewig gleiche langweilige Drehung im Uhrzeigersinn aus dem Handgelenk. Die angedrohten Taschengeldkürzungen, um die horrenden Wasserrechnungen ausgleichen zu können, scheren Paula und Oli auch wenig, solange es noch zahlungskräftige Omas gibt. Was tun? Zum Glück gibt es auch hier einen fast legalen Trick, der sich gewaschen hat.

Der Trick: Retter Rost

Von Cordula (47), Landschaftsgärtnerin, für ihre Kinder Paula (12) und Oli (10)

Eines Morgens ertönt aus dem Bad ein laut-kreischiges «Iiiiiiiiiiih!». Cordula erschrickt erst, erinnert sich dann, versucht, ein möglichst erstauntes Gesicht aufzusetzen und betritt den Schauplatz des Verbrechens. Töchterchen Paula steht mit vor Ekel verzerrten Gesichtszügen am Waschbecken und deutet auf den Wasserhahn, aus dem sich munter eine kackbraune Brühe ergießt. «Oh je!», sagt Cordula, sich am Kopf kratzend, «das hab ich ja fast schon befürchtet.» Sie geht zur Badewanne und dreht den Hahn auf. Dieselbe kackbraune Brühe sickert hervor, begleitet von einem weiteren gekreischten «Iiiiiiiiiiih!» und «Dieses Zeug hat meine Haut berührt, Mama!».

«Ganz ruhig!», beschwichtigt Cordula, «das liegt doch nur am Rost aus den Rohren. Das kommt daher ...», erklärt sie vollkommen unwissenschaftlich «... dass hier bei uns viiiiel zu viel

Wasser fließt, welches den Rost dann mit sich schwemmt. Weil bei uns ja die Hähne so selten zugedreht werden.» Strafender Seitenblick, bei dem Paula schuldbewusst den Kopf senkt. Kinder sind ja so leichtgläubig. Cordula hakt Paula unter und führt sie in die Küche, wo im Boiler noch ein bisschen sauberes Wasser ist. «Keine Sorge, wenn wir von jetzt an die Hähne nur spärlich benutzen und danach immer sofort gründlich zudrehen, dann wird das Wasser schon sehr bald wieder schön klar sein!»

«Ehrlich, Mama?»

Na sicher, denkt Cordula, denn irgendwann haben sich die Färbe-Tabletten[3] in den Hähnen ja aufgelöst. Und dann erschrickt sie schon wieder, als gerade Olis Ekel-Gekreische im Badezimmer anhebt.

3 Cordula benutzte hier den «kunterbunten Badespaß». Ungefährliche und sogar essbare Natur- und Lebensmittelfarbe-Tabletten, ein beliebtes Produkt, um kleine Kinder in die Badewanne zu bugsieren. Gibt es in Rot, Gelb und Blau, und für ein sattes Braun benötigt man alle drei zusammen: Cordula hat einfach ein Viertel von jeder Farbe hinter dem vorher abgeschraubten Perlator (so nennt sich dieser kleine Siebaufsatz vorne am Wasserhahn) versteckt. Aber auch andere Mix- oder sogar Einzelfarben lassen sich eklig erklären. Grün (Gelb und Blau): Moosflechten oder Grünspan werden aus den Rohren geschwemmt. Orange (Rot und Gelb): Die Stadt hat dem Trinkwasser Vitamin C zugesetzt. Vorsicht, liebe Wasserverschwender, sonst gibt's einen Vitaminschock. Gelb: Pipi von Mäusen, die durch das ständige Wasserrauschen angelockt worden sind. Rot: Die Mäuse in den Rohren liefern sich blutige Machtkämpfe.

31. Das versaute Kuscheltier

Ute, ihr Mann Reinhold und ihr vierjähriger Sohn Lorenz sind gerade unterwegs in den lang ersehnten Wochenendurlaub, als Lorenz auffällt, dass sein Kuschelbär Bommel nicht mit an Bord ist. Auf Reinholds unbedachte Bemerkung, Bommel könne ja auch mal allein zu Hause bleiben, folgt Gezeter und Gejammer, Geschrei und Geheule: «Meiheiin Bommel, Booommel! Buahh Boooommel!» Reinhold tut als Familienheld das einzig Richtige. Wie in einem moralisch einwandfreien Kriegsfilm, in dem der Held auf dem Weg in die verlockende Freiheit noch einmal zurückkehrt, um auch den letzten Mann zu retten, wendet er seinen Wagen und holt Bommel.

Für Kinder sind Kuscheltiere echte Freunde und echte Tröster in der Not. Ute versteht das, und sie steht vor einer schweren Aufgabe, als Bommel eines Tages in Hundescheiße fällt. Keine Reinigung der Welt kann das Gefühl aus Ute vertreiben, wenn sie sich vorstellt, Lorenz würde mit Bommel kuscheln und ... uaaahhwürg, genau. Was kann Ute also tun, um Lorenz den Abschied von Bommel zu erleichtern? Wie ihm erklären, dass er Bommel nicht mehr sehen kann? «Bommel ist mit einer bumsfidelen Bärin durchgebrannt, die es nur auf sein Geld abgesehen hat. Die beiden heiraten, und sie bringt ihn für das Erbe um, dieses eisgekühlte Bommel-Luder!» Nein, Reinholds Vorschlag kommt nicht in Betracht.

Der Trick: Friedhof der Kuscheltiere

Von Ute (37), Unternehmerin, für ihren Sohn Lorenz (4)

Ute sitzt mit Bommel und Lorenz im Garten und schaut mit besorgter Miene auf ihren Sohn. «Bommel hat sich infiziert», sagt Ute in ruhigem Ton zu ihm.

«Was? Infizzsiert?»

«Äh, der hat sich eine Krankheit eingefangen, Würmer.»

«Was für Würmer?»

«Ja, bei Tieren geht das, das ist ansteckend.»

In diesem Moment schaut Ute auf Bommel und zuckt absichtlich zusammen.

«Da! Er hat sich bewegt, das sind die Würmer. Sie ziehen ihn weg.»

Lorenz will Bommel anfassen, aber Ute hält ihn zurück.

«Nicht, das kann sich auf dich übertragen. Und du willst doch keine Würmer haben, oder?»

«Nein, bäh, Würmer.»

«Da wieder! Siehst du, furchtbar, aber leider wahr. Ich werde mit ihm zum Tierarzt fahren müssen.»

Am Abend kommt Ute mit einer sehr schlechten Nachricht zurück (Lass uns raten, Ute, er hat es nicht geschafft, oder?): «Bommel ist an den Würmern verstorben. Aber er ist jetzt im Bommelbären-Himmel und schaut auf dich herab, Lorenz. Er kann immer mit dir sprechen, wenn du willst.» Ja, Ute, gut gemacht, imaginäre Freunde sind immer noch die hygienischsten.

Kommentar:

Ute erzählte uns, das war, bevor sie Kinder bekommen hat, sie, also *sie, werde ihre Kinder nieee anlügen. Da wurde sie jetzt doch ein bisschen rot, als wir sie darauf noch einmal ange-*

sprochen haben. Reinhold haben wir gefragt, ob er so etwas wie Erleichterung empfände, weil Bommel tot sei. Schließlich kostete der Bär eine Menge Nerven. Gegen Bommel habe er nie etwas gehabt, erzählte Reinhold. Er hätte sich sogar ganz gut mit der Reinigung des Bären arrangieren können. «So schnell, wie Bommel weg war», meinte er, «da kann man doch mal sehen, wie schnell man emotionale Bindungen kappen kann. Als Mann denkt man dann, irgendwann wird man auch ausgetauscht, nur weil man ein bisschen riecht.»

32. Zimmer aufräumen, Pro und Contra

Der vorherrschende Erziehungsstil ist im Moment der autoritative, so heißt es jedenfalls. Im Prinzip bedeutet autoritativ: Wir erklären dem Kind sanft und liebevoll, warum wir es gleich anschreien. Denn beim autoritativen Erziehungsstil steht das Erklären der elterlichen Maßnahmen im Mittelpunkt. Und diese elterlichen Maßnahmen fußen natürlich auf den jeweiligen elterlichen Meinungen und Haltungen zum Leben. Aber auch diese Meinungen und Haltungen sind erklärungsbedürftig. Eltern meinen beispielsweise, es sei gut, wenn ein Zimmer aufgeräumt ist. Ihre These: Ordnung ist gut. Spätestens seit Hegels Dialektik wissen wir aber um den Wert einer These. Sie ist nur in dem Maße standhaft, in dem Maße ihre Antithese wackelig ist.

These Eltern: **Ordnung ist gut**	Antithese Kind: **Ordnung ist doof**
• Man findet Sachen wieder.	• Ich finde alles wieder. Und was ich nicht finde, will vielleicht auch nicht gefunden werden.
• Man tritt nicht auf Sachen.	• Ich trete ja nicht drauf, sondern du.
• Man kann besser putzen.	• Mach ich ja nicht, sondern du.
• Man hat einen besseren Überblick, was man hat und was nicht.	• Ich hab sowieso zu wenig.
• Es sieht schöner aus.	• Nee.
• So geht das nicht.	• Was?
• Jetzt räum dein Zimmer auf.	• Mann, ey.
• Ich sag das jetzt zum letzten Mal.	• Ich hab doch aufgeräumt.
• RÄUM AUF!	• NEIN!

Der Weg von These und Antithese zur Synthese ist ein mit Spielzeugen, Socken, Malstiften, Plüschtieren und Müll gepflasterter langer, mühevoller Weg. Eine Abkürzung kennt Hera. Sie tauscht These und Antithese gegen Sack und Eieruhr.

Der Trick: Sack und Eieruhr

Von Hera (41), Unternehmerin, für ihren Sohn Christian (9)

Hera hat einen Sack, einen Spendensack. In diesen Sack steckt sie Dinge wie Haushaltsgeräte, Bücher, Kleidung oder Spielzeug. Eben alle Dinge, die sie, ihr Mann oder ihre Kinder nicht mehr benötigen, die aber noch in einem guten Zustand sind. Wenn der Sack voll ist, bringt sie ihn zur Hilfsorganisation Oxfam. Jeder in der Familie kennt und akzeptiert die Regel: Wenn es im Sack ist, ist es weg! Niemand darf sich aus dem Sack wieder etwas herausnehmen.

Als Hera zwischen Socken, Schuhen und Comics die lang gesuchte Fernbedienung von Christians Spielzeug-Hubschrauber findet, wiederholt sie zum zehnten Mal ihre Bitte: «Räum dein Zimmer auf!» Christian schaut auch dieses Mal so beeindruckt wie ein Killer-Terminator, dem ein zorniger Hamster mit Vergeltung droht. Aber im Unterschied zu den ersten neun Malen geht Hera jetzt in die Küche, holt die Eieruhr, zieht sie auf zwanzig Minuten, knallt sie auf den Schreibtisch und sagt: «In zwanzig Minuten ist dein Zimmer aufgeräumt. Wenn nicht, fliegt dein Hubschrauber mit Fernbedienung, und zwar in den Sack!»

Christian rührt sich nicht, er kauft seiner soften Harmoniemutter so einen harten Stress-Stoff einfach nicht ab. Das ändert sich, als Hera nach exakt zwanzig Minuten den Hubschrauber nimmt, ihn in den Sack wirft und ihn zuschnürt. Dann setzt sie sich in ihr Auto und fährt den Sack zu Oxfam. Erst als sie wieder in der Wohnung steht und der Oxfam-Sack leer ist, dämmert Christian, dass ab jetzt wohl schärfer geschossen wird. Beim nächsten Mal, als Hera in Christians Zimmer kommt, die Eieruhr auf zwanzig Minuten stellt und sich das Lego-Piratenschiff schnappt, kann sie schon beim Rausgehen hektisches Aufräumen hören.

33. Hallo, Müllmann! Tschüs, Müll!

Kinder lernen in der Schule sehr viel Müll.[4] Sie lernen aber auch sehr viel über Müll. Sie lernen, wie wir Müll erzeugen, wie wir ihn vermeiden können und vor allem, wie man ihn trennt. Letzteres ist in Deutschland ein «Trennt-Sport» geworden (Zitat eines lustigen Lehrers). Unsere Kinder lernen aber leider nicht, wie man sich *vom* Müll trennt. Sie fragen sich völlig verzweifelt: Wie kann ich die Mülltonnen an die Straße stellen, wenn ich doch gleichzeitig im Bett liegen bleibe? Wie soll das gehen? Und wir fragen uns: Überfordern wir unsere Kinder mit dieser Aufgabe? Möglicherweise schwingt da ja ein schwerwiegendes psychologisches Problem mit: Sich vom Müll für immer verabschieden zu müssen, aktiviert vielleicht in den Kindern und Jugendlichen eine tief sitzende Trennungsangst. Vielleicht müssen wir mit ihnen und dem Müll Trennungsarbeit leisten. Wir müssen sie begleiten, wenn sie den Müll hinausbringen, und sie halten, wenn sie bei der Abholung dem Müllwagen mit einem vollgeweinten Taschentuch hinterherwinken. Vielleicht. Vielleicht trifft aber auch eine andere Diagnose zu: Faulheit.

«Deine Aufgabe besteht lediglich darin, einmal in der Woche vor der Schule die Mülltonne an die Straße zu stellen. Mehr nicht. Und ich werde deine Aufgabe nicht für dich übernehmen!» Zum zweiundvierzigsten Mal wiederholt Eva diesen Satz. Aber im Zimmer von Jonas rührt sich am Morgen mal wieder gar nichts. Das wird jetzt ein Ende haben, schwört Eva.

4 «Die Erwachsenen begehen eine barbarische Sünde, indem sie das Schöpfertum des Kindes durch den Raub seiner Welt zerstören, unter herangebrachtem, totem Wissensstoff ersticken und auf bestimmte, ihm fremde Ziele abrichten.» Robert Musil (aus *Der Mann ohne Eigenschaften*). So kann man es auch sagen.

Der Trick: Wenn der Müllmann einmal klingelt

Von Eva (47), Verwaltungsangestellte, für ihren Sohn Jonas (13)

Eine Woche später spendet Eva etwas Geld für die Kaffeekasse der Müllmänner und trägt ihnen nebenbei ihr Erziehungsproblem in Sachen Müll vor. Ein Müllmann willigt sofort ein, ihr bei der Erziehung zu helfen: «Ehrensache. Und das machen wir so, dass der Faulpelz das auch nicht mehr vergisst.»

Jonas machte seiner Mutter nach diesem Schreck Vorhaltungen: «Wie kannst du einen Fremden in mein Zimmer lassen, das ist Hausfriedensbruch oder so.» Aber Eva sagte: «Ich konnte da nichts machen, er wollte seinen Müll. Ich habe ihm nur gesagt, dass das deine Aufgabe ist, mehr nicht. Und du weißt ja, er kommt wieder.» Eine Woche später standen die Mülltonnen pünktlich an der Straße.

34. Mein Müll stinkt mir

Zitat von Elmar, 50, Personalreferent: «Ich habe bei meinem Sohn wirklich großes Glück. Ich habe das große Glück, dass er nicht in meiner Firma arbeitet. Ich würde wahrscheinlich verrückt oder Burnout bekommen oder kündigen. Und ich bemitleide jeden, für den mein Sohn einmal arbeiten wird.»

Das ist bestimmt nur eine maßlose Übertreibung eines von der Pubertät seines vierzehnjährigen Sohnes überforderten Vaters. Aber wenn man Elmars Gesprächsprotokoll Glauben schenken will, scheint Sebastian doch ein besonders vorwitziges Pubertätsexemplar zu sein.

ELMAR: «Morgen ist Donnerstag. Du weißt, was das heißt?»

SEBASTIAN: «Ja.»

ELMAR: «Und?»

SEBASTIAN: «Dass heute Mittwoch ist.»

ELMAR: «Du stellst morgen die Mülltonnen raus.»

SEBASTIAN: «Oh Mann, wieso ich? Dann muss ich saufrüh aufsteh'n.»

ELMAR: «Und?»

SEBASTIAN: «Du stehst doch sowieso früher auf, warum machst *du* das nicht? Echt. Das kriegst du schon hin, wenn du dich mal ein bisschen anstrengst.»

ELMAR: «Du hast die jüngeren Beine.»

SEBASTIAN: «Ja, aber woll'n wir nicht zuerst die alten aufbrauchen?»

ELMAR seufzt: «Was soll ich mit dir nur machen?»

SEBASTIAN guckt fröhlich: «Gib mir einfach für jede Mülltonne zwei Euro, dann stell ich beide Tonnen raus. Hast du nicht gesagt, ich soll Geld verdienen?»

ELMAR: «Du kannst auch mal was ohne ... ach was ... okay, ich gebe dir einen Euro pro Tonne, also hier, zwei Euro.»

SEBASTIAN kontert: «Okay, aber zahlbar sofort. Sonst muss ich mein albanisches Inkassounternehmen beauftragen, und danach siehst du übel aus, üüüübel.»

ELMAR schnippt zwei Euro zu Sebastian hinüber: «Und jetzt ist Ruhe.»

SEBASTIAN: «So, und jetzt mache ich dir ein einmaliges Angebot: Ich werde mein Geschäftsfeld Müll an dich outsourcen, und du kriegst fürs Rausstellen der Tonnen 25 Cent pro Stück, na? So schnell hast du noch nie 50 Cent verdient, oder?»

ELMAR: «Du machst mich fertig.»

SEBASTIAN: «Hast du nicht mal gesagt, ich soll endlich begreifen, wie Marktwirtschaft läuft?»

Der Trick: Arbeit ans Bett bringen

Von Elmar (50), Personalreferent, für seinen Sohn Sebastian (14)

Elmar hat sich selbstverständlich nicht auf diesen Deal eingelassen. «Der Kleine hat wohl nicht mehr alle Tassen im Schrank», denkt Elmar, «natürlich nicht, die hat er alle schon verkauft.» Als Elmar am Donnerstagmorgen in das Zimmer von Sebastian schaut, pennt dieser noch. Also verleiht Elmar seiner doch eher zaghaften Pädagogik etwas Nachdruck. Eine Minute später zieht Elmar beide Mülltonnen hinter sich her und schiebt sie ganz leise in Sebastians Zimmer. Er öffnet die Deckel der Tonnen und klebt einen Zettel auf den Rand mit der Aufschrift: «Nicht vergessen, mein kleiner Stinker!» Dann schließt er leise die Zimmertür und geht gut gelaunt zur Arbeit.

Eine halbe Stunde später wird Sebastian wach. Er steckt seine Nase in die Luft und schnuppert: «Irgendwas riecht hier aber komisch», denkt Sebastian. Er riecht an sich, an der Bettdecke und dann blickt er ungläubig auf die Tonnen: «Scheiße!» Widerwillig schiebt er die beiden Tonnen an die Straße. Elmars Trick hat funktioniert: Wenn das Kind nicht zum Müll kommt, muss der Müll eben zum Kind kommen.

Nachtrag:

Mit einem breiten Grinsen kam Elmar abends von der Arbeit. Sebastian sagte zunächst nichts, um dann etwas später betont gelassen nachzufragen: «Also ist es jetzt in diesem Haus üblich, dass einem die Aufgaben direkt ans Bett gebracht werden, ja?»

«Jahahaha», lachte Elmar sichtlich zufrieden mit sich und seinem gelungenen Trick.

Am darauffolgenden Samstag war Elmar wie jeden Samstag damit beauftragt zu kochen. Sebastian stand sehr früh vor ihm auf, holte die für das Essen vorgesehenen Schweinerippchen und das Gemüse aus dem Gefrierfach, schlich sich in das Schlafzimmer der Eltern und legte die Gefrierbeutel unter Elmars Bettdecke. Dann ging Sebastian wieder in sein Zimmer, legte sich ins Bett, lächelte und dachte: Wann dreht er sich im Bett um? Wann dreht er sich im Bett um? Wann dreht er sich um?

Da hörte er, wie Elmar schrie: «Ahhh, was ist das? Ahhh!»

Sebastian seufzte genüsslich: «Ahh, jetzt! Ice, ice, baby!»

35. Verdreckt und handgenäht

Es ist schwierig, einem Kind die Bedeutung von «Wert» zu erklären, wenn es selbst (im besten Falle) noch kein eigenes Geld verdienen muss. Das hat aber zur Folge, dass es den kleinen Monstern schnurzpiepegal ist, wenn sie mal wieder die teuer erworbene Einrichtung verdrecken oder in Schutt und Asche legen. Dann heißt es, viel Verständnis und Empathie zeigen ... für die Einrichtung. Die Geschichte der Konfrontation zwischen einem liebgewonnenen Einrichtungsgegenstand und einem liebgewonnenen Sohn hat sich so abgespielt: Bekannte aus dem diplomatischen Corps des Auswärtigen Amtes haben bei ihrem fünfjährigen Usbekistan-Aufenthalt einen sehr schönen turkmenischen Wandteppich für Gabriel und seine Frau erstanden. Dieser Teppich nimmt jetzt einen Ehrenplatz im Wohnzimmer ein. Er hat aber ein kleines designtechnisches Manko. In seinem Zentrum befindet sich ein dunkles Oval, das in Umfang und Aufhänghöhe ganz konkret sagt: «Baller mir ’nen Fußball rein, denn ’ne bessere Ersatztorwand wirst du so schnell nicht wieder finden!»

Und dieser Ruf stieß bei dem fußballbesessenen Leo auf alles andere als taube Ohren. Natürlich hat Gabriel alles versucht, um die graduelle Zerstörung des Kunst-Teppichs zu verhindern: gutes Zureden, böses Zureden, flehentliches Betteln, Sanktionen. Er hat Leo sogar eine echte Torwand in den Garten gebastelt. Alles vergeblich. Der Reiz des Verbotenen war einfach zu stark, sodass bereits nach drei Wochen der Teppich erste Abnutzungserscheinungen aufwies und einige umherstehende Lampen und Vasen zu Bruch gegangen waren.

Der Trick: Einrichtungsgegenstandsempathie

Von Gabriel (42), Werbefachmann, für seinen Sohn Leo (8)

Gabriel erzählt mit einem Augenzwinkern: «Leider haben meine Frau und ich uns schon früh gegen körperliche Züchtigung entschieden, und wir wollen dieser Linie jetzt auf Gedeih und Verderb treu bleiben, auch wenn ich die Entscheidung mittlerweile stark bereue.» Breit grinsend berichtet er weiter: «Und dann hatte ich eine abgefahrene Idee. Immer wenn Leo im Wohnzimmer wieder seinen Ball gegen die Wand donnerte, schrie ich laut auf und brach dann herzerweichend wimmernd zusammen. Schluchzend rollte ich mich über den Boden. Dann erklärte ich Leo, dass ich mittlerweile mit dem Wandteppich eine sogenannte Symbiose gebildet hätte. Der Wandteppich und ich hätten quasi einen vulkanischen ‹Mind-Mend› begangen und würden jetzt dieselben Gefühle und Schmerzen teilen. Mit so einem turkmenischen Teppich geht das (die Erklärung war viel länger und umständlicher, als ich sie jetzt hier wiedergeben kann, weil Leo ja nicht mal die alten *Star-Trek*-Folgen als Referenzmedium kannte). Aber es funktionierte: Mein Leid sorgte dafür, dass sich in dem kleinen Geschöpf so etwas wie Mitleid regte und die Gewalt gegenüber dem Teppich kontinuierlich weniger wurde. Im Umkehrschluss muss man natürlich in Kauf nehmen, dass der Teppich brutal wie eine Voodoopuppe mit Nadeln oder brennenden Streichhölzern gefoltert wird, wenn Leo und ich mal ein Beef haben.»[5]

5 Ein Beef haben = sich mit jemandem streiten. Gabriel ist halt aus der Werbebranche.

36. Das Bett als Tischtuch

«Du denkst, der ist ein Engel, dabei holt der sich in seinem Zimmer einen runter», zitiert Emilie ihren jüngsten Sohn, der sich gerade über seinen älteren Bruder beschwert hat. Emilies Schwester Wiebke hört gut zu: «Und wie ging's dann weiter?» «Dann hab ich ihm gesagt, dass sein Brüderchen mit seinem Zeug da unten machen kann, was er will, schließlich gehört das alles ihm. ‹Wenn der das darf, darf ich das auch›, hat der Kleine gesagt und dann auch sofort gemacht. Aber das Beste dabei: Jedes Mal, wenn er fertig war, hat er sein Bett neu bezogen. Weißt du wie oft ich waschen muss? Erst wichsen, dann waschen, hab ich gedacht, wer soll das bezahlen?» Wiebke ist völlig perplex: «Der bezieht sein eigenes Bett? Unser Paul, na ja, weißt du, ich hoffe mal, dass der bald anfängt zu masturbieren, dann hat er nicht mehr so viel Zeit, sein Bett mit anderem Zeug zu versauen. Egal was ich sage, innerhalb eines Tages ist das Bettzeug versaut. Der isst Chips, Brötchen, Schokolade, Kekse ... ich hab sogar eine Bananenschale gefunden. Dein Sohn ist vielleicht ein kleines Ferkel, meiner ist ein großes Schwein.»

Der Trick: Schwein gehabt

Von Wiebke (39), Biologin, für ihren Sohn Paul (10)

Wiebke zieht das kaum verschmutzte Bettzeug von Pauls Schwester Fiona ab. Dann biegt sie auf dem Weg zur Waschmaschine in das Zimmer von Paul ein und blickt auf dessen Bettzeug. «Von wegen Hotel Mama», denkt sie, «im Hotel bekommt man auch nicht jeden Tag neues Bettzeug.» Sie zieht sein versautes Bettlaken ab, das so aussieht, als sei eine Herde Gnus über eine Gruppe

Erdmännchen hinweggetrabt, die gerade ihren Wocheneinkauf dabeihatten. Dann zieht sie das komplette Bettzeug von Fionas Bett auf und bringt das völlig verdreckte Zeug von Paul zur Waschmaschine. «So spart man heute!»

Als Paul sich abends ins Bett legt, schnuppert er am Bettzeug und fragt: «Das riecht so komisch, was ist das, Mama?»

«Das ist das Bettzeug von Fiona, wir müssen sparen. Du versaust deins immer zu schnell. Und ehe die Ratten wegen dir ins Haus kommen, bekommst du das von Fiona.»

«Bäääh, mach das weg! Ich kann nicht dadrin schlafen! Eeeeklig!» Erstaunlicherweise hat bei Paul das Bettzeug seiner Schwester mehr Ekel ausgelöst als der Gedanke an Ratten im Haus. Echte Geschwisterliebe eben. Der angedrohte Tauschhandel hat auf jeden Fall gewirkt, Paul isst seine Snacks jetzt auf dem Boden. Aber der ist pflegeleicht.

37. Von der Liebe zur Ordnung

«FUCK! AHHH! FUCK!», tönt die glockenhelle Stimme einer Sopranistin durchs Haus. Übt dort die Netrebko für eine Regietheatervariante von Mozarts Don Giovanni? Nein, es ist Karin, die Mutter von Dominic und von Beruf Sängerin, die barfuß gegen Dominics Skateboard geknallt ist. «Das ist lebensgefährlich hier, räum endlich dein Zimmer auf!» Diese Befehle bringen meistens nicht sehr viel. Aber sie bringen noch weniger, wenn der Befehlsempfänger gar nicht zu Hause ist. Karins Forderungen haben aber mal etwas gebracht, als nicht nur Dominic zu Hause war, sondern auch dessen heißgeliebte Freundin Greta. Da war das Zimmer blitzeblank. «Herrlich, herrlich, unbeschreiblich herrlich ist das, wenn Frauen sich vereinen gegen stupide Männlichkeit, wenn das Zarte gegen das Grobe siegt, wenn das geistvolle Geschlecht gewinnt!» (So hat Karin es uns berichtet. Wenn der Satz nicht aus einer Oper ist, Karin, machen wir uns Sorgen.)

Aber jetzt ist Greta einige Wochen bei einem Schüleraustausch in Chile, und das Zimmer von Dominic sieht – wie heißt der Fachbegriff noch mal? –, genau, das Zimmer von Dominic sieht scheiße aus. «Lebensgefährlich scheiße», vervollständigt Karin den korrekten Terminus, «und Greta weiß davon nichts.» Denn wenn Dominic mit Greta skypt, hat er die Internetkamera immer genau so ausgerichtet, dass Greta den unaufgeräumten Ausschnitt seines Zimmers nicht sieht. Als Dominic mal wieder total ins Skypen und in Gretas Augen vertieft ist, schleicht sich Karin in sein Zimmer und ...

Der Trick: Einstellungssache

Von Karin (45), Sängerin, für ihren Sohn Dominic (14)

... zieht an einem Stromkabel, sodass ... – aber wir müssen kurz zurückspringen: Als Karin mal wieder das Zimmer von Dominic aufräumte und putzte, bemerkte sie, wie sehr der Kabelsalat hinter Dominics Schreibtisch verknotet war. Zog man an einem Kabel, zog man auch ein anderes mit, und so weiter. Und da sind wir wieder in Karins Trick: Zieht man also am Stromkabel neben der Zimmertür, dann zieht man auch am Kabel für die Internetkamera, die sich daraufhin langsam bewegt. Und so, von Dominic unbemerkt, zieht Karin ganz langsam am Stromkabel, bis sich die Internetkamera auf seinem Bildschirm zur Seite dreht und Greta den Blick auf die unaufgeräumte Ecke eröffnet.

Karin hört nicht, was Greta sagt, Dominic trägt einen Kopfhörer, aber sie hört, wie Dominic fragt: «Was meinst du? Wo sieht's aus wie bei einem 10-Jährigen?» Da erblickt er das Kontrollfeld in seinem Monitor und schiebt die Kamera wieder zurück. Karin geht mit einem sopranhellen Lachen aus dem Zimmer. Und Dominic hat, ja, der Kommentar mit dem 10-Jährigen hat gesessen, sein Zimmer aufgeräumt. Der Trick ist zwar recht speziell, aber er zeigt uns doch die außerordentliche Wirkung von Mädchen auf Jungs. Und diese außerordentliche Wirkung können Eltern ordentlich ausnutzen, um Ordnung zu erzeugen.

38. Zahn um Zahn

Kinder soll man ja schreien lassen. Man soll Kinder ja nicht schreien lassen. Kinder soll man ja früh fordern. Man soll Kinder ja nicht so früh fordern, sie lieber spielen lassen. Kinder sollen sich auch mal langweilen. Kindern soll man ja Abwechslung bieten, damit sie sich entwickeln. Kinder soll man entscheiden lassen. Man soll Kinder nicht so viel entscheiden lassen, das stresst sie. Kinder sollen die Nase putzen und nicht hochziehen. Es ist gut, wenn die Kinder den Schnodder hochziehen, das ist natürlich. Man soll Kindern ja nicht die Ohren sauber machen. Man soll Kindern die Ohren sauber machen, weil sich da sonst Bakterien festsetzen.

Diese Sammlung von Erziehungsmeinungen, die sich wie Schützengräben durch unser Land ziehen, könnten wir unendlich fortführen. Beim Thema Ohrenputzen steht Verena im Schützengraben der Ohrenputzer: «Ich könnte nie jemanden lieben, der auf der anderen Seite steht. Ich habe nur Verachtung und Abscheu, ja richtiggehend Ekel übrig für Menschen, die sich und ihren Kindern niemals die Ohren waschen.» Nein! Nein! Nein! Halt, halt! Das hat Verena so nie gesagt, vielleicht gedacht, aber gesagt hat sie uns so etwas nie. Nein, *vielleicht* gedacht ist auch nicht richtig, *bestimmt* gedacht. Wie hätte sonst ein Satz wie dieser ihren Mund verlassen können, um ihren sechsjährigen Sohn Gabriel zum Ohrenputzen zu bewegen?: «In dreckigen Ohren wachsen Bäume. Davon kriegt man einen Holzkopf.» Gabriel war aber schlau genug, das nicht zu glauben. «Richtig so!», sagen jetzt vielleicht die Schmalzianer, also die Menschen in den Nichtputzer-Schützengräben.

Es gibt nur eine Erziehungsmeinung, die von allen geteilt wird, eine Regel, die keine Gräben zieht: Kinder sollen sich die Zähne putzen! Das nun wieder sieht Gabriel anders. Er ist ein intelligenter Sechsjähriger, der einiges im Leben anders sieht. Einmal zeigte er seiner Mutter eine Hausaufgabe im Schulheft, die seine Lehrerin mit Rot angestrichen hatte. Dort war ein Papagei abgebildet, der fragte: «Kannst du mich ausmalen?» Und Gabriel schrieb daneben: «Nein.» Und dann gab er das Heft wieder ab. Aus so einem Kind kann alles werden und ganz sicher das, was sich Gabriel schon, seit er sprechen kann, wünscht: Astronaut. Was aber macht Verena, um ihn zum Zähneputzen zu bewegen?

Der Trick: Captain Kirks Lächeln

Von Verena (39), Anästhesistin, für ihren Sohn Gabriel (6)

Verena schaut im Badezimmer wieder einmal mit auffordernder Geste auf ihren Sohn: «Los, jetzt mach endlich!»

«Warum? Wofür ist das gut? Warum Zähne putzen?»

«Oh, nicht schon wieder, warum, warum, warum? Weil ... Moment, das hab ich doch neulich gelesen, warte. Du willst doch Astronaut werden. Und wer Astronaut werden will, muss Zähne putzen, weil Karies-Hohlräume im All explodieren.»

Stille. Eine Stille wie im All. Gabriel schaut Verena fassungslos an: «Hohlräume explodieren? Aber dann explodiert ja mein Kopf mit.»

«Jaja, und deswegen: Putz dir endlich die Zähne! Ich will doch auch, dass du Astronaut wirst, mein Schatz. Und am besten mit Kopf.»

Und was tut Gabriel? Er putzt. Oh, wie gemein sind Mütter!

39. Popel suchen ein Zuhause

Es gibt Angewohnheiten, die retten einige Menschen mit viel Liebe und Enthusiasmus von der Kindheit bis ins hohe Alter. Popeln ist so eine Angewohnheit. Der Ruf nach mehr öffentlichen Verkehrsmitteln wird von diesen Menschen immer wieder mit dem Satz abgebügelt: «Für die Umwelt, okay, schön und gut, aber wo soll ich dann in Ruhe popeln?» Das, was Kinder überall machen, machen Erwachsene zwar nur noch im Auto. So oder so bleibt aber die immer und überall drängende Frage: Wohin mit den Popeln? Und: Was sagen wir unseren Kindern, wohin sie die Popel schmieren sollen? Ins Taschentuch? Hahaha, guter Witz. Sie sollen sie auf jeden Fall nicht ans Sofa schmieren. Das ist besonders peinlich, wenn Besuch kommt. Um die Sofapopel rechtzeitig zu finden, braucht man ein geschultes Auge. Hier ist die Gelegenheit, Ihr Popelauge zu trainieren.

Suchbild: Finden Sie die Popel!

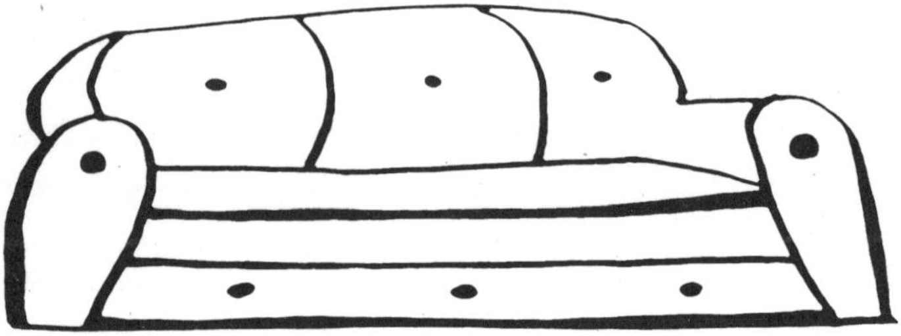

Auflösung:

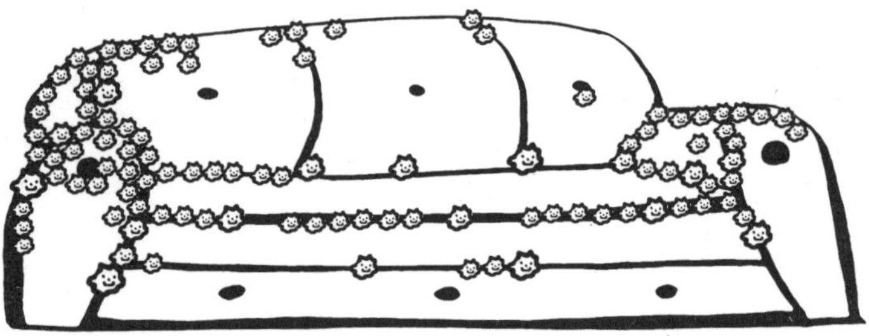

Das Sofa hier wurde mit einer Spezial-Kamera gefilmt. Wir sehen deutlich, wo sich die Popel am liebsten verstecken. Und? Wie viele haben Sie entdeckt? Alle 107? Egal wie professionell Ihr Blick mittlerweile ist, es entwischen einem immer welche, oder? Aber es gibt ja noch eine Alternative zum Sofaschmieren, die wir alle kennen, über die wir aber noch weniger gern reden: Lassen Sie die Kinder die Popel essen. Das sieht furchtbar eklig aus und widert die meisten von uns an. Die Frage ist jedoch: Ist das nicht besser als die Sofa-Alternative? Nein, meint Frank und wendet seinen Trick rigoros an.

Der Trick: Klingt total urologisch

Von Frank (39), Feinmechaniker, für seinen Sohn Valentin (7)

Als Frank beobachtet, wie sein Sohn Valentin vor dem Essen, also als Vorspeise, einen Popel aus der Nase zieht und ihn gerade essen will, sagt er mit dem größtmöglichen Ernst: «Das würde ich nicht machen!»

«Was denn?»

«Popel essen, davon verstopft der Pipimann.»

«Was?»

«Vom Popelessen verstopft der Pipimann. Körpereigene Sekrete, die der Körper ausscheiden möchte, verklumpen beim Wiedereintritt in Körperöffnungen, die dafür nicht vorgesehen sind. Sie verhärten sich und wandern.»

«Wandern?»

«Sie wandern durch den Körper. Und sie werden nicht abgebaut wie andere zugeführte Lebensmittel. Das heißt, es ist wie bei den Nierensteinen oder Gallensteinen, die wandern auch. Und so können Popel auch verhärten, wenn es dann zu viele sind, und den Pipimann verstopfen. Und ich kann dir sagen, die Schmerzen willst du nicht haben.»

Den Popel schmiert Valentin im Vorbeigehen ans Sofa.

40. Deine Spuren im Klo

Barbara ist mit ihrem Sohn Marko (13) bei ihrer Freundin Bea zu Besuch. Sie geht ins Badezimmer und schaut unvermittelt in eine Kloschüssel voller Bremsspuren: «Ganz frisch, der Täter kann noch nicht weit sein», schießt ihr der Tatort-Standardsatz durch den Kopf. Und wie beim Anblick einer unansehnlichen Leiche dreht sie ihren Kopf angewidert weg. Da fällt ihr ein, wer vor ihr auf der Toilette war: «Nein, mein eigen Fleisch und Blut: Marko!» Sie nimmt die Klobürste und verwischt die Spuren, wie es jede Mutter für ihren Sohn tun würde. Marko kann so nicht weitermachen, denkt sie, irgendwann wird es rauskommen, und dann wird die Sache mordspeinlich für ihn.

Zu Hause hat sich Barbara daran gewöhnt, hinter ihrem Sohn herzuwischen. Dabei hat sie nicht bedacht, dass ihm diese Art der Förderung seiner Unselbständigkeit einmal schaden könnte. Als verantwortungsvolle Mutter lädt sie ihren Sohn zu einer Gesprächsrunde ein mit dem Thema «Sind Reviermarkierungen im Klo für einen Dreizehnjährigen noch zeitgemäß?» Marko kommt, hört zu, sagt aber nicht viel, und macht weiter wie bisher. Vielleicht hätte sie ihn lieber zu einer Podiumsdiskussion mit Publikumsbeteiligung einladen sollen. Aber sie lässt nicht locker und nervt ihn bei jeder Gelegenheit. Als der Manager-Film *Wall Street* im Fernsehen läuft, sagt sie: «Da kann man sehen, wenn man so große Geschäfte macht, fällt es eben negativ auf.» Als Marko von Bekannten spricht, die gerade etwas geerbt haben, sagt sie: «Jaja, man muss sich um seine Hinterlassenschaften kümmern.» Als Marko von einem Schulfreund erzählt, der sich nach einer Rauferei entschuldigt hat, sagt sie: «Er hat Scheiße gebaut, aber er macht es wieder gut!» Die Reaktion ihres Sohnes auf ihre pädagogischen Bemühungen könnte man unmissverständlich etwa so ausdrücken: «Drauf geschissen!»

Der Trick: Deine Spuren im Netz

Von Barbara (44), Angestellte, für ihren Sohn Marko (13)

Barbara schaut in ihrem Bad wieder einmal auf einen verlassenen Tatort. Dieses Mal sieht die Leiche besonders widerwärtig aus. Sie zieht ihr Smartphone und macht zur Beweissicherung ein Foto.[6] «Ich könnte den Täter doch damit erpressen», denkt sie. Gedacht, getan. Sie schickt das Foto an Marko mit dem Satz: «Eine Million Euro oder ich veröffentliche das hier auf Facebook!» Was zunächst als Spaß gemeint ist, entwickelt sich zu einer ernst zu nehmenden Waffe, weil Marko ernsthaft darauf reagiert: «Das machst du nicht, Mutti! Das postest du nicht ... oder? Oder? Bitte nicht!»

Nein, Mutti hat das Foto nicht gepostet. Aber Mutti ist todernst bei ihrer Erpressung geblieben. Und Marko verwischt jetzt selbständig seine Spuren.

Nachtrag:

Eines Tages kam Marko aufgeregt von einer Party zurück und erzählte seiner Mutter: «Da war ein Mädchen, das hat voll den Lauten gemacht, weil ein Typ vor ihr auf'm Klo nicht sauber gemacht hatte. Da war ich froh, dass ich das nicht war.» «Da bin ich auch froh», meinte Barbara. «Und wer war es? War es der Gärtner?», fragte sie mit gespieltem Interesse, «es ist doch immer der Gärtner.» Marko verstand diesen kleinen Krimivergleich nicht, aber er verstand, dass es in Ausnahmefällen von Vorteil sein kann, auf seine Mutter zu hören.

6 Wir haben uns aus Rücksicht auf unsere Leserinnen und Leser entschieden, das Beweisfoto hier nicht abzubilden.

41. Sauberkeit ist aller Laster Anfang

Surn Odas Ahecsenastie scherrbeherheberschtie denags Chasados run.
Ahecsenastie run Odas scherrbeherheberschtie Surn denags Chasados.
Chasados denags Odas Ahecsenastie Surn scherrbeherheberschtie run.
Nur Chasados denags Odas Ahecsenastie Surn scherrbeherheberschtie.
Nur das Chasados Odas Ahecsenastie Surn scherrbeherheberschtie eng.
Nur das Genie Chasados Odas Ahecsenastie Surn scherrbeherheberscht.
Nur das Genie beherrscht Chasados Odas Ahecsenastie Surn scherheber.
Nur das Genie beherrscht das Chasados O Ahecsenastie Surn scherheber.
Nur das Genie beherrscht das Chaos sad O Ahecsenastie Surn scherheber.
Nur das Genie beherrscht das Chaos nur sad O Ahecsenastie S scherheber.
Nur das Genie beherrscht das Chaos nur das O Ahecsenastie S scherheber.
Nur das Genie beherrscht das Chaos nur das

... wo ist das G vom zweiten Genie hin? Eigentlich sollte hier doch jetzt stehen:
«Nur das Genie beherrscht das Chaos nur das Genie beherrscht das Chaos».

Diesen Text hätte wohl besser jemand aufräumen sollen, der etwas davon versteht. Jemand wie Karl, der seinem Sohn Jan beim Thema Aufräumen zeigt, wo der Frosch die Locken hat bzw. wie man einen neunjährigen Chaos-Fan auf die dunkle Seite der Ordnungsmacht zieht. In eine Welt, in der alles seinen Platz hat, auch der brutale und unmenschliche Aufräum-Wahnsinn, den man in Jans fröhlich bunter Chaoswelt bestimmt nicht so leicht gefunden hätte.

«Sauberkeit ist aller Laster Anfang, das hast du selbst gesagt», rechtfertigt sich Jan, als sein Vater sein unaufgeräumtes Zimmer zum wiederholten Mal bemängelt.

«Erstens heißt es Müßiggang ist aller ...»

«Müsli-Gang? Wie sieht denn ein Müsli-Gang aus?», fragt Jan interessiert.

«Müßiggang! Müßiggang ist aller Laster Anfang», erregt sich Karl eine Terz[7] zu hurtig, wie er selbst es ausdrücken würde.

«Versteh' ich nicht, Müßiggang?»

«Herrgott, Faulheit heißt das!»

«Ach so, na gut, mir egal.»

«Ja, aber *mir* nicht! Räum deine Spielsachen hier vom Boden auf und pack sie weg, ich sag dir das jetzt zum letzten Mal.» Karl blickt auf den Boden und entdeckt einen Spielzeug-LKW: «Und mit dem Laster da kannst du anfangen.» Karl saust aus dem Raum. Eine Quarte[8] zu geschwind, wie er es selbst ausdrücken würde.

Der Trick: Sauber eingetütet

Von Karl (52), Kulturamtsleiter, für seinen Sohn Jan (9)

Jan ist völlig irritiert und denkt: «Welcher Laster liegt wo auf dem Boden? Der saubere oder der faule?» Es ist aber auch wirklich nicht einfach mit diesen Kulturamtsleitern, die sich immer so verwählt ausdrücken. Um seine Gedanken zu sammeln, liest Jan erst einmal weiter in *Gregs Tagebuch*. Für Jan entsprach dieser Lese-Zeitraum in Musik umgerechnet ungefähr einer Achtelnote. Für Karl entsprach diese Zeit ungefähr einer musikgeschichtlichen Epoche.[9] Und so stürmt Karl, mit einem großen Müllsack bewaffnet, in Jans Zimmer, wirft alle Spielzeuge vom

7 Eine Terz ist ein Tonintervall und hat nichts mit Geschwindigkeit zu tun. Aber so etwas wissen Kulturamtsleiter nicht. Vielleicht war es auch ein Gag. Ja, Karl?

8 Eine Quarte ist auch ein Tonintervall, Karl.

9 Eine Epoche ist ein längerer, zeitlich begrenzter Zeitraum. Bravo, Karl, geht doch!

Boden in den Sack und sagt: «Wenn du den Rest des Zimmers aufgeräumt hast, bekommst du deine Spielsachen wieder zurück, aber erst dann! Und wenn es Wochen dauert, dann behalte ich sie eben Wochen!» Mit diesem Satz greift er sich *Gregs Tagebuch*, wirft es in den Müllsack und verschwindet, husch, husch, mit einem furiosen Fortissimo[10], wie Karl es nennen würde. Da capo? Nein danke.

Der drastische Tütentrick hat Jan zwar beeindruckt, er hat das Zimmer auch aufgeräumt, aber das hat er gemacht, weil sein Vater mal etwas anderes getan hat, als seltsam zu reden. Eigentlich, um in der Sprache der Musik zu bleiben, geht es zwischen den beiden nur darum, Dissonanzen aus dem Weg zu schaffen und Unstimmigkeiten zu beseitigen, die das harmonische Entfalten der Familienmelodie verhindern.

10 Fortissimo bedeutet in der Musiksprache «sehr laut» und hat auch nichts mit Geschwindigkeit zu tun. Mensch, Karl, was ist denn los? Es lief doch gerade so gut.

Erziehungstricks
No. 42-61

42. Bloß nicht im eigenen Bett schlafen

Tagsüber ist Mindy stark und furchtlos, aber sobald es dunkel wird, strecken die Schatten ihre Finger nach ihr aus, lauern perfide Monster unter dem Bett und lachen Erinnerungen, die im hellen Tageslicht alles andere als bedrohlich erschienen, in ihrem Kopf plötzlich hexenartig drauflos. Fazit: Mindy landet im Bett ihrer Mutter Yvana. Nur dort kann sie ruhig, sicher und zufrieden einschlafen, und am nächsten Morgen ist sie dann so erholt und entspannt, dass ihr die Gruselstorys der Jungs in ihrer Klasse oder ein Horrorkanal für Kinder à la RTL 2 nicht mehr das Mindeste anhaben können. Yvana hingegen hängt in den Seilen, da Mindy gerne mal mitten in der Nacht quer über ihrem Kopf liegt oder lauthals vor sich hin brabbelt. Da ist sie Mindys schnarchenden Papa endlich los, und dann so was!

Eine Zeitlang hat Yvana versucht, Mindy von allen albtraumartigen Einflüssen fernzuhalten, aber das ist in unserer modernen Zeit natürlich hoffnungslos. Mama sitzt manchmal noch eine Stunde an ihrer Seite und diskutiert beruhigend die Erlebnisse des Tages, bis Mindy die Äuglein zufallen. Aber egal, nach ein paar Stunden klopfen kleine Fäuste dennoch an ihre Schlafzimmertür. Auch das gute alte Licht-Anlassen, New-Age-Oldies wie indianische Traumfänger oder das Vorlesen solcher Beruhigungslektüre wie Das *Traumfresserchen* haben Mindy bisher nicht dauerhaft vom Bett ihrer Mutter fernhalten können. Schimpfen bringt auch nichts, dann erklärt Mindy das plötzliche Auftauchen in Mamas Bett immer mit «Schlafwandeln».

Der Trick: Bettchen wechsle dich

Von Yvana (37), Floristin, für ihre Tochter Mindy (6)

Eines Tages kommt Mindy nach Hause und staunt nicht schlecht, als sie in ihrem Kinderzimmer ein neues Bett vorfindet. Riesig und bequem ist es, weich und einladend, frisch bezogen und herrlich duftend. Toll zum Drineinschlafen. Dennoch, wenn es dunkel ist, dann ist auch dieses neue Bett keine tröstliche Burg, sondern bietet nur den Monstern auf dem Fußboden eine noch größere Versteckfläche. Wieder haut Mindy ab zu ihrer Mama. Da ist es zwar eng, aber sooo gemütlich.

Yvana hat jedoch damit gerechnet, und, wie sie sich selbst eingestehen muss, hat sie das neue Bett auch gar nicht für Mindy gekauft, sondern für sich selbst. Heimlich, still und leise kriecht sie aus dem Bett, als Mindy eingeschlafen ist, holt darunter ein riesiges Kissen hervor, das sie mit ihrem Lieblingsparfüm eingesprüht hat, und schiebt es vorsichtig neben das Töchterchen. Dann schleicht sie in Mindys Zimmer und genießt den Schlaf im herrlich bequemen neuen Riesenbett bis in den Morgen. Da sie vor Mindy wach wird, kann sie sich noch schnell in ihr eigenes Bett zurückschleichen und dort laut und geräuschvoll die aufwachende Mama spielen. Aber auch als Mindy einmal vor ihr wach wird und ihre Mama im eigenen Bett erwischt, hat Yvana eine gute Ausrede: «Schlafgewandelt!» Und für Gäste hat sie jetzt endlich auch mal ein bequemes Gästebett, die Anschaffung war schon lange Zeit geplant.

43. Schrei nicht, wenn du kannst

Stellen Sie sich folgende Situation vor: Sie sitzen in einem kleinen, komplett verkachelten Raum, der jeden Laut mit dröhnendem Hall verstärkt. Sie sitzen in der Mitte, und um Sie herum stehen eine Schultafel, eine Waschmaschine und eine Kreissäge. Der Boden ist übersät von zahllosen Weckern verschiedener Größe. Eine süße Katze sitzt dort zwischen den Weckern und blickt Sie freundlich an. Da öffnet sich mit einem ohrenbetäubenden Quietschen die schwere, rostige Eisentür des Raumes. Ein Mann in einem weißen Kittel tritt in den Raum und der Katze auf den Schwanz. Die Katze schreit auf und rennt durch den Raum, verfolgt von einer Hyäne, die der Mann offenbar mit sich geführt hat. Mit gellendem Jaulen jagt die Hyäne hinter der schreienden Katze her, immer um Ihren Stuhl herum. Alle Wecker beginnen zu klingeln, zu fiepen und zu piepen. Im selben Moment legt der Mann mit der einen Hand einen Wecker unter die Kreissäge und zerschneidet ihn, während seine andere Hand mit quietschender Kreide die Zahl 387 auf die Schultafel schreibt. Jetzt greift er in seinen Kittel, zieht einen laut aufheulenden Zahnarztbohrer heraus und geht auf Sie zu. Unterdessen jagt die Hyäne, eine dem Ton nach offenbar erkältete Hyäne, weiter die in Todesangst aufschreiende Katze, wobei die erkältete Hyäne an die Kreissäge stößt, in der sich der Wecker so verklemmt, dass er sich erhitzt, zu qualmen beginnt und den Alarmton des Rauchmelders über Ihnen auslöst. In dieser Sekunde ist auch das Programm der Waschmaschine fertig, sie piept. Sie schauen auf die Wände des Raumes und entdecken erst jetzt, dass an jeder der vier Wände ein Gemälde von Edvard Munchs «Der Schrei» hängt, und Ihr letzter Gedanke, bevor Sie sich dem Wahnsinn ergeben, ist: Was bedeutet die Zahl 387 auf der Tafel? Sie wissen es nicht? Es ist die Dezibeleinheit in diesem Raum!

So, wenn Sie sich jetzt dieses Gefühl vergegenwärtigen, haben Sie eine Ahnung davon, wie sich Torsten fühlt, wenn seine Tochter Nele schreit. Sie schreit nicht aus Hunger, nicht immer aus Wut, sie schreit meistens aus Lust am Schreien. Um sich ihrer Existenz zu vergewissern. Damit jedoch bedroht sie die Existenz ihres Vaters. Und so ...

Der Trick: Fräulein Fortissimo von Pickelsberg

Von Torsten (35), Redakteur, für seine Tochter Nele (6)

Der Trick hat einmal richtig gut funktioniert. Denn wie die meisten kleinen Mädchen möchte auch Nele eine Prinzessin sein, und die haben keine Pickel. Auch wenn Nele ihrem Vater das nicht dauerhaft abgekauft hat, drosselt sie manchmal die Lautstärke auf ein erträgliches Maß, auch um sich nicht noch einmal Papas Foto angucken zu müssen.

44. Rumtollen im Kaufhaus

Wir lieben unsere Kinder. Wir würden unser Leben für sie geben. Aber uns ist auch klar, dass sie totale Egozentriker sind. Das ist kein von ihnen perfide ausgeheckter Lebensplan, Egozentrik ist ihre Überlebensstrategie. Deshalb hört Simone auch nie, wenn sie mit ihren Kindern ins Kaufhaus geht: «Heute ist mal dein Tag, Mutti. Heute geht es mal nur um dich. Wir werden uns gerne deinen Wünschen unterordnen. Kauf du doch bitte ganz in Ruhe deine Kleider ein und was du sonst noch so brauchst. Wir bleiben hier unterdessen ganz still sitzen. Ist das okay für dich?»

«Doch, genau das habe ich meine Kinder sagen hören», erzählt Simone, «aber dann bin ich aus meinem Tagtraum aufgewacht.» Denn kaum dreht sich Simone für den Bruchteil einer Sekunde um, kaum sagt sie «Mama muss mal eben das Kleid anprob...», zack! sind Marie und Leon auch schon um die Ecke geflitzt. Sie verstecken sich unter Kleiderständern, knallen die Garderobentüren auf und zu, toben durch die Spielzeugabteilung, laufen kreischend die Rolltreppe rauf oder sprühen sich in der Duftabteilung mit Eau de Toilette ein, bis sie stinken wie ein ungeduschter Iltis. Das nennt man Erlebnis-Shopping.

Der Trick: Alle mal herhören!

Von Simone (31), Hausfrau, für ihre Kinder Marie (6) und Leon (9)

Simone: «Klar habe ich den beiden die Sätze aus dem Erziehungsratgeber immer wieder vorgebetet: ‹Wenn ihr nicht bei mir bleibt, bin ich besorgt, weil ich nicht weiß, wo ihr seid.› Klar nicken die zwei dann verständnisvoll. Aber ich glaube, sie nicken nur einmal. Jedenfalls kann ich das zweite verständnisvolle Nicken nicht mehr sehen, weil sie sich dann schon wieder aus dem Staub gemacht haben. Da ist mir der Kragen geplatzt. Ich bin zur Information gegangen und habe sie ausrufen lassen: ‹Maria und Leon, sofort dringend zu ihrer Mutter, SOFORT!› Da kamen die beiden tatsächlich mit hochrotem Kopf angetrabt. Und ich bin streng auf sie zugegangen: ‹Ich habe euch doch gesagt, wenn ihr nicht bei mir bleibt, bin ich besorgt, weil ich nicht weiß, wo ihr seid.› Diesmal habe ich dreimal Nicken gesehen.»

Ein schöner Trick, Simone. Aber wie oft kann man so etwas machen? Sigmund Freud sagt dazu: «Der Verlust der Scham ist das erste Zeichen des Schwachsinns.» Das soll also heißen, solange sich unsere Kinder schämen, in der Öffentlichkeit bloßgestellt zu werden, sind sie noch völlig in Ordnung? Und dieses Schamgefühl könnte Simone so lange ausnutzen, bis ihre Kinder schwachsinnig werden? Gut, nach dieser Theorie wollen wir hoffen, dass dieser Trick noch länger funktioniert.

45. Bewegungsdrang

Inga, die Freundin von Paula und Bernhard, ist das, was man eine Übermutter nennt. Sie geht total in ihrer Rolle auf und sieht alles immer positiv: «Wenn ich Bauchschmerzen habe oder Migräne, denke ich kurz an meine Kinder, und schon bin ich wieder gesund. Kinder sind wie Medizin.» «Wenn das stimmt», entgegnet Paula, «kriege ich wohl oft die Nebenwirkungen ab.»

Ja, wenn das wirklich stimmen würde, gäbe es bei Kindern auch einen entsprechenden Beipackzettel:

Kinder Gebrauchsinformation für Anwender

Lesen Sie bitte zunächst die Packungsbeilage durch, bevor Sie mit der Anwendung von ***Kinder*** beginnen.

Was sind ***Kinder***, und wofür werden sie verwendet?

- ***Kinder*** ist ein Arzneimittel zur Behandlung von menschlichen Sinnfragen.
- ***Kinder*** unterstützt lebenswichtige Funktionen wie die Erhaltung der Art (Unart).
- In einigen Regionen kann ***Kinder*** andere Wirkstoffe wie Statussymbole ersetzen.
- ***Kinder*** hilft bei der Behandlung nationaler Angst vor Bevölkerungsrückgang.

Bitte beachten Sie:
Die Dosis ***Kinder*** ist national unterschiedlich. In Deutschland liegt die empfohlene Lebenshöchstdosis deutlich höher als in Asien, Afrika und Lateinamerika.

Was müssen Sie vor der Anwendung von ***Kindern*** beachten?

Kinder dürfen nicht angewendet werden:
- bei Überempfindlichkeit (Allergie) gegenüber den Wirkstoffen Pipi und Kacka,
- bei gleichzeitiger Erkrankung an infektiöser Selbstverwirklichung.

Wenn eine der aufgeführten Nebenwirkungen Sie erheblich beeinträchtigt oder Sie Nebenwirkungen bemerken, die nicht in dieser Gebrauchsinformation angegeben sind, informieren Sie bitte Ihren Arzt oder Ihren Apotheker.

Unerwünschte Nebenwirkungen von ***Kindern***

Müdigkeit	sehr häufig	mehr als 1 von 10 Eltern
Rückenschmerzen	häufig	1 bis 10 von 100 Eltern
Heiserkeit	gelegentlich	1 bis 10 von 1000 Eltern
Fröhliche Sorglosigkeit	selten	1 bis 10 von 10.000 Eltern
Langeweile	sehr selten	1 von 10.000 Eltern
Ehelicher Sex	nicht bekannt	Häufigkeit auf Grundlage der verfügbaren Daten nicht abschätzbar

Außerdem ist mit Zeit- und Geldmangel zu rechnen.
Verkehrstüchtigkeit: Die Konzentration im Verkehr ist eingeschränkt.
Es sollten keine schweren Maschinen bedient werden.

Besonders die Rückenschmerzen treffen auf Bernhard zu. Dauernd läuft Antonius weg, und Bernhard muss ihm hinterherlaufen und ihn jedes Mal wieder auf den Arm hieven. Der Kleine kann nicht eine Minute still sitzen. Nein, nicht mal eine Sekunde. Und auch in gefährlichen Situationen ist es Paula und Bernhard nicht gelungen, ihrem Sohn klarzumachen, dass spontanes Wegrennen nicht gut ist.

Der Trick: Immer auf die Nase

Von Bernhard (53), Händler, für seinen Sohn Antonius (4)

Als Antonius mal wieder zu weit weggelaufen ist, pflanzt Bernhard ihn auf einen Stuhl, schnürt die Schuhe von Antonius oben auf und bindet seine Schnürbänder zusammen. Fertig ist die Weglaufsperre. Antonius versucht wegzulaufen und bums, fällt er um. «Das ist bei den Kleinen ja nicht so wie bei uns, die fallen ja aus niedriger Höhe», meint Bernhard.

Bernhard ist noch aus der alten Indianer-kennt-keinen-Schmerz-Schule, könnte man denken. Aber er kennt seinen Sohn sehr gut: «Antonius ist nur einmal hingefallen. Die Sache ist so: Wenn er eine Aufgabe hat, dann konzentriert er sich, so wie hier aufs langsame Gehen, und wenn er sich konzentriert, beruhigt er sich schneller.» Wie meint Bernhard das? Sind die zusammengebundenen Schuhe etwa so etwas wie eine buddhistische Achtsamkeitsübung? Dann leuchtet uns der Trick jetzt doch noch ein. Am Ende war der Junge von der Konzentrationsübung so müde, dass Bernhard ihn tragen musste. Wir sind uns sicher, dass Antonius demnächst in einem unbeobachteten Moment die Schnürbänder von Bernhard zusammenbinden wird. Wir wünschen ihm dabei jedenfalls viel Erfolg!

46. Illegales Saugen am PC

Hach, war es früher nicht schön? Nein, nicht besser, aber so wunderbar weniger. Wie man sich darauf freute, einmal im Monat nach der Schule in einen Plattenladen zu gehen. («Platten», oder «LPs», liebe Kinder, die ihr dieses Buch heimlich lest, um zu ergründen, warum eure Eltern plötzlich so viele fiese und kreative Erziehungstricks auf der Pfanne haben, waren damals das Medium, auf dem man seine MP3s zu erstehen pflegte, ähm ... nur dass es damals noch keine MP3s waren, aber das wird jetzt zu kompliziert. Vertraut uns einfach.) Und in diesem Plattenladen gab man dann sein mühsam gespartes Taschengeld nach stundenlangem Probehören endlich für das neue Smiths-Album aus, das man daraufhin vorsichtig nach Hause transportierte, von vorne bis hinten mehrmals komplett durchhörte, dabei die Sleevenotes und Lyrics las und sich vorstellte, ein Rockstar zu sein.

Heute, im Zeitalter des Overkills und der Reizüberflutung, saugt sich das Nachwuchsgemüse rund um die Uhr den, wie sie es nennen, «hottest shit» aus den illegalen Filesharing-Websites im Netz und hört nicht mal alles davon an, weil es sowieso viel zu viel Zeug ist für eine einzige Lebensspanne. Kosten tut's auch nichts, denn das muss ja alles der Anschlusseigner zahlen, falls es auffliegt. Und da die Minderjährigen heute technisch viel versierter sind als wir verschnarchten Ex-Popper, schaffen sie es immer wieder, sich auch trotz unserer lachhaften Firewalls und Kindersicherungen ins Heimnetz einzuhacken. Selbst wenn wir radikal ihre Laptops konfiszieren, zur Not eben mit einem im Billig-Supermarkt erstandenen DSL-Adapter für den Internetzugang ihres Funkradioweckers. Die ständige Angst vor einem Abmahnbrief mit horrenden Forderungen für einen einzigen dämlichen

Lady-Gaga-Song hat ein ganz bestimmtes Elternpaar nun zu einer ganz besonders verzweifelten Maßnahme getrieben ...

Der Trick: Saugstark, noch fünfmal singen

Von Heike (42), Hausfrau, und Marc (49), Elektroinstallateur, für ihren Sohn Jonas (15)

Nachdem Heike mal wieder Jonas' im Kleiderschrank versteckten Laptop mit einem fröhlich stagnierenden Ladebalken entdeckt hat, beschließen sie und ihr Mann Marc den neulich eher im Scherz ausgedachten Plan doch einmal in die Tat umzusetzen. Geht wohl nicht anders, wenn alle Internetblockiermaßnahmen, Gespräche im Guten bis Androhungen von Repressalien so dermaßen auf mit illegalen Popsongs verstopfte Ohren stoßen. Abends sitzen Heike und ihr Sohn bei einer kalten Platte hastig geschmierter Brote, bis Heike plötzlich den Kopf in den Hände versenkt und wild die Schultern zucken lässt.

«Was issen los, Mama?»

«Nichts ... es ist nur ... wegen Papa!»

«Wieso? Und wo is' Papa eigentlich?»

(Spannungspause) «Der sitzt in Untersuchungshaft ...»

Gut, dass Jonas Heikes Gesicht gerade nicht sehen kann. Ihre zuckenden Schultern kommen nämlich vom mühsam unterdrückten Lachen. Aber das könnte ja auch als Hysterie durchgehen. Jonas ist auf jeden Fall wirklich bestürzt.

«Ey, was? Wieso das denn?»

«Sie haben gesagt, er hätte irgendwie zu viel illegale Musik oder Filme aus dem Internet geladen. Da muss sich irgendjemand bei uns eingehackt haben! Denn DU machst ja da nichts Illegales mehr, oder? Hattest du uns ja versprochen.»

Jonas wird blass und rot zugleich, wodurch die blassen Stellen noch blasser und die roten noch roter wirken.

«Ich, also ... wie lang muss Papa denn wegbleiben?»

«Hier ...», schluchzt Heike jetzt noch mal extra herzerweichend und schiebt Jonas die Visitenkarte eines Rechtsanwalts über den Tisch, die sie noch von einer Party vor einiger Zeit besitzt. «Das haben mir die netten Polizisten gegeben. Ich hab ihn schon angerufen, und er meint, dein Vater könnte bis zu fünf Jahre ins Gefängnis müssen.»

Stimmt, fünf Jahre, das wird ja auch immer bei den Filmen vorneweg gesagt, die Jonas zur Abwechslung mal nicht aus dem Internet geladen oder von Freunden auf selbst gebrannten DVDs geliehen hat. Jonas schluckt und will seine Mutter trösten, aber die Stimmbänder versagen ihm den Dienst.

Am nächsten Abend ist Marc wieder da. Mehr als eine Nacht hat er es auf der seltsam riechenden Couch seines Freundes Konrad nicht ausgehalten. Reicht ja auch so. Marc redet von Bewährung und zeigt die Unterlassungserklärung, die er unterschreiben musste, in der er verspricht, dass weder er noch irgendwer aus seiner Familie jemals wieder irgendetwas Illegales aus dem Internet mopsen werden. Jonas unterschreibt zur Sicherheit auch noch mal, und dann umarmt er seinen Vater ganz fest. Ein rührender, ein intimer Moment, also verdrücken wir uns schnell und leise weiter zum nächsten Trick.

47. Arbeit macht den Nachwuchs sauer

«Alle schlechten Eigenschaften entwickeln sich in der Familie. Das fängt mit Mord an und geht über Betrug und Trunksucht bis zum Rauchen.» Alfred Hitchcock.

Mr. Hitchcock hat, das wissen wenige, immer ein Interesse an Erziehung gehabt und seine eigenen 100 nicht ganz legalen Erziehungstricks in Filmen untergebracht. Zum Beispiel in *Psycho* (Alternativtitel war damals: *Dusch nicht lang, sonst stirbt ein Motelgast*). In diesem Film stellt die Mutter sich jahrelang tot, um ihren faulen Sohn Norman zum Arbeiten zu bewegen. Und der Trick geht auf, Norman bringt sich regelrecht um für seine Gäste. Moment, nein, er bringt die Gäste um. Na ja, Erziehung ist eben ein steiniger Weg, der mit Leichen gepflastert ist. Oder sagen wir es weniger hitchcockesk: Erziehung ist sauschwer. Dieser Meinung ist auch Berthold. Er versucht wie Normans Mutter, seinen Sohn zum Arbeiten zu bewegen. Berthold entscheidet sich nicht für Hitchcocks Mord-Variante, er setzt auch nicht auf Trunksucht und nicht aufs Rauchen, Berthold entscheidet sich für den Betrug.

Der Trick: Lügen und Betrügen

Von Berthold (45), Bauingenieur, für seinen Sohn Cornelius (12)

«Bei mir läuft schon der Schweiß», klagt Cornelius beim Rasenmähen. «Dein Schweiß läuft nicht, der geht spazieren. Du weißt doch gar nicht, was Arbeiten ist. Ich musste früher ...» «Ich weiß, ich weiß», unterbricht ihn sein Sohn, «du musstest früher den Rasen mit der Nagelschere schneiden, auch im Winter, unterm Schnee, ja, ja, ja. Wenn ich das nächste Mal beim Wettlauf gewinne, darfst du die Geschichte ein Jahr lang nicht mehr erzählen.» Dazu muss man wissen, dass Cornelius den Rasen mähen muss, weil er einen Wettlauf gegen seinen Vater verloren hat. Dieser kleine Betrüger-Daddy war früher Kreismeister über 3000 Meter. Gegen ihn hat Cornelius eigentlich nie eine Chance. Er glaubt es aber immer noch, weil sein Vater ihn bei manchen Rennen unauffällig gewinnen lässt. Immer wenn Bernhard die Wetteinsätze nichts bedeuten, wie zum Beispiel ein Eis auszugeben oder Kinokarten, verliert er gegen seinen Sohn, um ihn zu motivieren. Dann lügt er: «Puhh, meine Lunge, heute klemmt es etwas, hast du gut gemacht, Sohnemann.» Wenn es aber ums Rasenmähen geht oder um eine neue Playstation, spurtet Berthold los wie die wilde Wutz. Das ist natürlich eine riesige Schweinerei. Lügen und Betrügen. Oder wie Alfred Hitchcock es nennen würde: Family.

Nachtrag:

Berthold hat das Rennen um die neue Playstation verloren. Er wollte unbedingt gewinnen, lief mit Tempo los, aber dann flog ihm eine Fliege in den Mund. Er hustete, stockte, und Cornelius ging als Erster durchs Ziel. Da hat sich das Sprichwort erfüllt: Das Glück hat Flügel.

48. Der Dieb

Wenn der Vater Jörg heißt und der Sohn Marlon, liegt der Verdacht nahe, dass der Vater die von seinen eigenen Eltern begangene Vornamensdemütigung durch den «originellen» Vornamen seines Sohnes kompensieren wollte. Eltern sind schließlich auch nur Menschen und vor keiner peinlichen Eitelkeit sicher. Jörg und seine Frau sind große Marlon-Brando-Fans und beide meinen, ein Brando hätte es mit dem Vornamen Jörg nie zu internationalem Ruhm gebracht. Blöd ist nur, dass sich der kleine Marlon ausgerechnet an einer der populärsten Figuren Marlon Brandos orientiert, an der Figur des Don Vito aus *Der Pate*, dem Mafiaboss.

Wie es bei einem italienischen Mafiaboss so üblich ist, kommt bei ihm erst das Geschäft und dann die Familie. Marlon plündert die Haushaltskasse für eigene «geschäftliche Unternehmungen»: Er kauft Süßigkeiten am Kiosk, am liebsten eine Tüte Gemischtes mit Schnecken, Gummibärchen und Colaflaschen, und stibitzt dafür regelmäßig einen Zehner.

Der Trick: Es gibt kein richtiges Leben im Fälschen

Von Jörg (45), Angestellter, für seinen Sohn Marlon (9)

Auch an diesem Tag läuft Marlon zum Kiosk. Er sucht sich wieder mal seine Lieblingstüte mit Süßigkeiten aus und legt noch ein Überraschungs-Ei drauf. Das hätte er sich sparen können. Die Überraschung kommt völlig kostenlos, als Marlon «seinen» Zehner dem Kioskbesitzer hinhält. «Willst du mich auf den Arm nehmen?», fragt dieser. Marlon guckt ungläubig. Er kennt diesen Mann schon so lange und begreift nicht, was das jetzt soll. Der Kioskbesitzer schaut ihn ernst an: «Du willst mit diesem Schein hier bezahlen? Da muss ich aber die Polizei rufen, der Schein ist eine Fälschung, aber eine ganz schlechte.»

Marlon begreift noch immer nicht und guckt so, wie Marlon Brando noch nie geguckt hat, zumindest nicht als Don Vito. Er läuft nach Hause und klagt seinen Vater an: «Du hast Falschgeld, wusstest du das? Da kann die Polizei kommen!» Jörg schaut Marlon an: «Aha, die Polizei kommt, soso, und warum? Weil ich mit dem Kioskbesitzer diese kleine Nummer abgesprochen habe oder weil du Geld geklaut hast? Der Schein ist doch gar nicht gefälscht, du Genie!»

Der alte Trick, kleine Geständnisse zu bekommen, indem man große Straftaten vortäuscht, hat wieder einmal funktioniert. Marlon kommt aus dem Staunen nicht mehr heraus. Dass sein Vater so eine Nummer abziehen und ihn so durchschauen kann, imponiert ihm dermaßen, dass er mit seinen Beutezügen aufhört: «Was weiß ich, was Papa als Nächstes macht?» Aber nicht nur weil der Trick hier aufgegangen ist, hat dieser Brando-Film ein Happy End. Jörgs liebendes Bekenntnis, er würde sogar für seinen Sohn in den Knast gehen, nur um ihn zu schützen, hat das Vertrauensverhältnis zwischen den beiden stärker gemacht als in jeder Mafiafamilie.

49. *Wutanfall* – der Film

1. AKT

1. INNEN FRANKS WOHNZIMMER TAG

Frank (43) sitzt völlig genervt auf der Couch, er presst seine Hände schützend auf seine Ohren. Sein Sohn Daniel (5) liegt auf dem Wohnzimmerboden, windet sich wie ein sterbendes Tier und brüllt wie am Spieß.

DANIEL

Neiiiiin, ich will aber nicht! Nein, nein, nein, nein, nein, nein, nein, nein, neiiiiiiiiin!

Frank versucht in ruhigem Ton, Daniel zu überzeugen.

FRANK

Daniel, wir müssen aber zu Omi fahren, es geht doch nicht anders, sie braucht jetzt unsere Hilfe. Ich bitte dich.

Daniel reagiert nicht. In einem nicht endenden Wutanfall schreit er weiter.

DANIEL

Neiiiiiiiiin! Ich bleibe hier, ich will hierbleiben, ich bleibe hier! Neiiiiiin!!!

Und er schreit und schreit und schreit und schreit …

ABBLENDE

ENDE

Kein guter Film? Die Handlung tritt auf der Stelle? Die Dialoge sind alles andere als geschliffen? Die Charaktere entwickeln sich nicht? Stimmt, kein guter Film. Aber ein guter Trick.

Der Trick: «And the Oscar goes to ...»

Von Frank (43), Angestellter, für seinen Sohn Daniel (5)

Frank hat nämlich genau diese Szene mit seiner Videokamera gefilmt. Das Bild bleibt zwar in einer langweiligen Totale, weil Frank die Kamera auf den Schrank gestellt hat, um von dort unauffällig zu filmen, aber die Hauptfigur zeigt sich wie immer in dramatischer Hochform. Bislang konnte Daniel sein großes Wutpotenzial ja nie selbst bestaunen. Doch jetzt verschafft Frank ihm die Gelegenheit und lädt Daniel ein, das kleine Filmjuwel zusammen mit der ganzen Familie anzuschauen: Full HD, Dolby Surround. Das wirkt, pädagogisch gesehen hat der Film das Prädikat «Besonders wertvoll». Wie zu erwarten, ist Daniel mit seiner Rolle nicht sonderlich zufrieden und auch nicht gerade wild darauf, sie noch einmal zu spielen. Eigentlich schade, da hat die Familie bestimmt eine tolle Oscar-Dankesrede verpasst: «Ich bedanke mich bei der Academy und bei der ganzen Filmcrew. Wir waren am Set wie eine Familie, ehrlich. Ich danke meiner Mom und vor allem meinem Dad, ohne den ich diese schauspielerische Leistung nie hätte erbringen können ... I love you.»

50. Katastrophale Kokelkinder

Ricki kann mit seinen 11 Jahren bereits eine sehr beeindruckende Vita vorweisen:

Richard P. – Ausbildung und Karriere

Geboren 17.9.2003

2008: selbst beigebrachtes Entzünden von Streichhölzern und erste Teppich-Brandflecke
2009: überschaubares Gartenfeuer mit Hilfe von Lupe und trockenem Gras
2010: totale Beherrschung schwergängiger Feuerzeuge, inklusive brennenden Abendkleids (im Schrank, nicht am Körper)
2011: Experimente mit brennbaren Flüssigkeiten und einem alten Autoreifen, leichte Rauchvergiftung
2012: Beinahe-Schulverweis aufgrund der Entzündung einer Silvesterrakete im Klassenzimmer
2013: Verstecken von Knallkörpern im St.-Martins-Feuer und nachhaltige Traumatisierung von Kleinkindern
2014: geplante spontane Selbstentzündung des Weihnachtsbaums als Jahreshöhepunkt

Ricki gehört zu der Spaßfraktion Kinder, die sich bereits im Juli auf das große Silvesterfeuerwerk freuen und darum betteln, die gefährlichsten Raketen, Chinaböller und Sprühfeuerbatterien selbst anzünden zu dürfen. Streichhölzer und Feuerzeuge oder auch einfach nur glimmende Zigaretten üben eine magische Faszination auf sie aus. Irgendwie überleben sie jede noch so halsbrecherische Zündelattacke, oder sie fühlen sich durch schmerzhafte Schmorstellen und Schmauchspuren geradezu kriegsordenähnlich ausgezeichnet und zu noch epochaleren Feuerteufeleien animiert. Rickis Eltern haben deshalb lange überlegt, wie sie der pyromanischen Gelüste des Zündelzwergs Herr werden sollten. Es war jedoch schließlich Opa Karl, der den zündenden Einfall hatte.

Der Trick: Feuchte Träume

Von Karl (68), Pensionär, für seinen Enkel Ricki (11)

Nachdem eines Nachmittags doch wieder die Rauchmelder losgefiept und für kurzfristige Herzstillstände bei allen anwesenden Familienmitgliedern gesorgt haben, wird die nächste Krisensitzung des Familienrats einberufen. Entgegen martialischer Strafandrohungen beim letzten Feuer-Kriegszustand hat Dr. Kokel diesmal mit der Brennbarkeit feuchter Waschlappen experimentiert. «Sie waren doch feucht! Ich konnte doch nicht wissen, dass sie trotzdem brennen!» Ja, Ricki, das ist das Überraschende daran, wenn sie nur dank Benzin feucht sind. «Hausarrest, Fernsehverbot, Taschengeldkürzung bis hin zum Liebesentzug, alles schön und gut», sagt Opa Karl, «aber das hilft mir nicht, wenn ich morgens in einem brennenden Bett aufwache und tot bin.» – «So weit kann es ja eigentlich nicht kommen», sagt Papa Ludger, «schließlich sind ja in jedem Zimmer Rauchmelder installiert.» – «Rauchmelder sind gut», sagt Opa Karl, «aber Sprinkleranlagen sind besser.» Er war früher mal Sicherheitsexperte in einer Fabrik, da kennt er sich ein bisschen aus. Er würde einfach mal probeweise einen Sprinkler in Rickis Zimmer installieren. Papa und Mama zweifeln zwar an der Durchführbarkeit und dem Kosten-Nutzen-Effekt, aber Ricki findet's gut. Welcher Elfjährige hat schon seine eigene Hochsicherheitsanlage?

Eine Woche später prangt ein kleiner Düsenkopf in der Mitte seines Zimmers, der ziemlich cool und futuristisch aussieht. Ein dünnes Rohr führt an der Decke entlang bis zur Wand. «Vorsicht, Ricki», sagt Opa, «wenn du das nächste Mal zündelst, dann trag am besten Badesachen und verstecke vorher deine wertvolle Comic-Sammlung.» Aus Rücksicht auf seine Comic-Sammlung traut Ricki sich dann tatsächlich nicht zu zündeln, obwohl er das neue Hightech-Equipment zu gerne einmal ausprobieren würde.

Zwei Nächte später jedoch weckt sein Gekreische Papa und Mama, die sofort hoch besorgt in sein Zimmer stürzen. «Ich bin ganz nass!», schreit Ricki. «Ich hab nichts getan! Einfach nur geschlafen. Plötzlich war es ganz kalt und ... und überall nass!» Opa Karl, der jetzt ebenfalls wach ist, besieht sich die Sprinkleranlage kritisch. «Hmmm!», sagt er, «vielleicht eine Fehlfunktion. Kann immer mal passieren. Aber viel Wasser ist ja scheinbar nicht ausgetreten. Schwamm drüber. Einfach weiterschlafen!» Zwei Stunden später ertönt allerdings Rickis nächster gurgelnder Schrei, und wiederum eine Stunde später noch mal. Opa Karl studiert jetzt verschlafen die Bedienungsanleitung des Sprinklers. «Das ist ja lustig. Offensichtlich kann diese Anlage mehr als andere. Sie setzt sich sogar in Gang, wenn man nur von Feuer träumt!» Papa und Mama werfen sich einen erstaunten Blick zu. Meint Opa das ehrlich? Ricki wird jedenfalls blass. «Was? Seid ihr bekloppt? Ich kann doch nichts dafür, wovon ich träume!!!» «Das stimmt», sagt Opa Karl, «Aber träum doch vorsichtshalber mal von was anderem.» Alle ziehen sich verstört in ihre Betten zurück.

Eine Stunde später wird wieder das gesamte Haus von einem nassen Ricki zusammengebrüllt. Der hat jetzt aber die Faxen dicke und will, dass die Sprinkleranlage abgedreht wird oder er zumindest in einem anderen Zimmer schlafen kann. Papa, Mama und Opa schütteln ernst die Köpfe. «Zu gefährlich! Da musst du durch, mein Junge.» Opa Karl lenkt ein. «Na ja. Vielleicht schalten wir den Sprinkler morgen mal aus. Probehalber, 'ne Zeitlang. Es sei denn ... Ricki kokelt wieder. Dann müssten wir ihn natürlich wieder anstellen.» Ricki verspricht heldenhaft, das sein zu lassen, zutiefst dankbar. Und dann ist er so schnell wieder eingeschlafen, dass er schon nicht mehr hört, wie draußen getuschelt wird.

«Der Sprinkler funktioniert fast schon ein bisschen zu gut, Vater!»

«Ja, nicht wahr?», räumt Opa ein. «Und dabei ist das doch nur eine billige Attrappe. Das Rohr geht ja nicht mal zwei Zentimeter weit in die Wand rein.»

«Was? Und wovon ist Ricki dann ständig durchnässt?»

«Ach das», grinst Opa und zückt seine geladene Wasserpistole, «das liegt nur daran, dass ich mal wieder nicht schlafen kann und zwischendurch ein wenig Unterhaltung brauche. Tolles Ding, übrigens. Die spritzt kräftig, weit und zielgenau, sogar von der angelehnten Zimmertür aus!»

51. Kleine Männer und Autos

«Schnall dich an, sonst stirbt ein Einhorn? Mir doch egal!» Welchen Jungen interessiert schon das Leben eines Fabelwesens, wenn die eigene Freiheit in Gefahr ist? Die jungen Wilden lieben es, auf dem Sitz herumzuzappeln und die Nase oder die Füße in den Wind des offenen Fensters zu halten. Es gibt sie nämlich noch, die natürliche Schnittstelle zwischen den Hyperaktiven und den Bewegungsasketen des männlichen Geschlechts: ganz normale Jungs. Und die lassen sich nicht durch ein süßlichnettes «Bitte, bitteee!» aus ihrem Abschnall-Abenteuerland vertreiben, ein Land, das sie als Revolutionäre gegen das elterliche Anschnall-Regime verteidigen.

Und was macht Ralf, der Vater des achtjährigen Christopher, um eine Revolution gegen seine Autorität zu verhindern? Er wendet die übliche Bestechung an: «Wenn du dich brav anschnallst, bekommst du später ein Eis.» «Ja, Eis!», jubelt Christopher. «Dann schnall dich jetzt bitte an!» «Nö, eher nicht!» Das ist doch mal ein gutes Beispiel für folgenlose Korruption.

Also braucht Ralf gegen die Revolution noch mehr Autorität. Aber keine diktatorische, sondern eine demokratische Autorität, meint Ralf. Er sei ja schließlich größer und dicker als sein Sohn und sei daher mehr Mensch und habe demokratisch gesehen mehr zu sagen. An dieser Logik merkt man deutlich, wie weit Ralfs Verzweiflung gediehen ist. Um seine elterliche Sympathiestellung nicht zu gefährden und sich selbst zu schonen, hält Ralf es für besser, staatliche Autorität in Anspruch zu nehmen. Ralf: «Wenn der Bengel jetzt schon so renitent ist, wird er ohnehin bald in die Obhut des Staates gelangen. Da ist es ganz gut, wenn er dort schon ein paar Leute kennt.»

Der Trick: Dein Freund und Helfer

Von Ralf (39), Arzt, für seinen Sohn Christopher (8)

«Wenn du dich nicht anschnallst, fahren wir zur Polizei!» Weil Eltern diese wie andere Damoklesschwerter über den Köpfen ihres Nachwuchses kreisen lassen wie putzige Mobiles, reagieren Kinder darauf wenn überhaupt mit einem milden Lächeln. Ralf aber hält sich an das Zitat eines alten Theaterdramatikers, der sagte: «Wenn im ersten Akt eines Dramas eine Büchse an der Wand hängt, dann hat sie im letzten loszugehen.» Nach der zweiten Warnung fährt Ralf zur Polizei. Die ist manchmal gar nicht so weit weg, wie man meint. Oft bessern die Beamten am nächsten Straßenrand ihr spärliches Salär mit Fotografieren auf. Ralf steuert einen von ihnen direkt an. Schon als Christopher den

Ordnungshüter sieht, sucht er nach seinem Anschnallgurt. Und als Ralf dann die Scheibe herunterkurbelt und den Polizisten anspricht, wird Christopher ganz mulmig.

«Mein Sohn möchte sich nicht anschnallen. Können Sie ihm nicht mal sagen, dass das strafbar ist?» Der Polizist versteht das Spiel sofort und spricht mit festem Blick und ernster Miene. Christopher nickt bei jedem Satz und sagt immer nur «Jaaa». Er hat sich nach diesem streng formulierten Exkurs über unser Rechtssystem immer vorbildlich angeschnallt. Wie bitte? Ob es pädagogisch richtig ist, auf staatliche Autorität zu setzen statt auf Einsicht? Diskutieren Sie das doch bitte beim nächsten Radarfoto mit Ihrem Richter.

52. Pubertäre Trendfrisur

«10 Jahre hängen sie ständig heulend an unserem Rockzipfel», behauptet Sylvie, «dann sind wir ihnen plötzlich peinlich, und sie wollen am liebsten so aussehen, als wären sie adoptiert!» Das musste Sylvie gerade schmerzlich am eigenen Leib erfahren. Ihr Sohn Kai kam nämlich in die Pubertät, und zack, zwei Tage später hatte ihm der Vater seines besten Freundes Zac, ein «Tattoo-Artist und Underground-Coiffeur» 'ne schaurige Trendfrisur geschnitten, natürlich ohne das mit Sylvie abzuchecken. Klar, es hätte noch schlimmer kommen können, denkt Sylvie, wenn Zac senior Kai zum Beispiel ein «Arschgeweih» auf die Bandscheibe verpasst hätte, dennoch findet sie, dass diese ästhetische Unverfrorenheit ihres Sohnes nach einer besonders drastischen Antwort schreit ...

Der Trick: Haare der Dinge, die da kommen

Von Sylvie (42), Steuerfachgehilfin, für ihren Sohn Kai (12)

«Umgekehrte Psychologie», denkt Sylvie, «niemals dagegen sein, immer dafür. Auch wenn es heftige Opfer erfordert!» Während Kai am Samstagmorgen noch schläft, ist sie schon beim Friseur ihres Vertrauens gewesen. Der endgültige Schritt hat sie (und auch den Haarkünstler) einige Überwindung gekostet, ebenso, wie danach Frau Berl von nebenan zum Kaffee einzuladen, damit es einen besonders peinlichen Moment gibt, wenn Kai endlich verschlafen in die Küche geschlurft kommt.

Nachtrag:

Kai verabschiedete sich sehr schnell von seinem neuen Mamas-Boy-Look. Sylvie auch. Sie war aber ein bisschen traurig, denn im Büro bekam «die flotte Mama» schon 'ne ganze Menge haarige Komplimente.

53. Schlechte Verlierer, Gewinner der Herzen

Wie lässt sich der Widerspruch vereinbaren, dass Kinder in der Schule meistens keinen Deut Antrieb verspüren, leistungstechnisch vorne mit dabei zu sein, dafür bei jedem Spiel aber ehrgeiziger sind als chinesische Olympiaturner? Das Spiel, scheint's, ist so viel ernster als das Leben? Das Spiel *ist* das Leben gar? Und das Leben somit nur ein Spiel? Dann aber gewiss kein Kinderspiel, findet Monika. Dass aber vor allem Spielenachmittage mit den Kindern und deren Freunden kein Kinderspiel sind, findet Monika ganz besonders. Das Geheule, Gestreite und Geschummle, selbst bei sogenannten kooperativen Gemeinschaftsspielen, zerrt so unglaublich an ihren empfindlichen Mutternerven, dass sie sich einen kleinen, aber feinen Trick ausgedacht hat.

Der Trick: Sieger der Herzen

Von Monika (33), Hausfrau, für ihre Kinder Caro (9), Luisa (11) und deren Freunde und Freundesfreunde

Bevor das kleine fiese Brettspiel hervorgekramt wird, kündigt Monika an, dass es bei ihr im Haus nicht nur den regulären Spielgewinner gebe, also den klassischen «Ersten», sondern auch den geheimen Sieger der Herzen. Dafür schreibt sie vor dem Spiel eine zufällige Nummer zwischen 2 und der Anzahl der Mitspieler auf einen Zettel und versteckt diesen an einer geheimen Stelle. Der geheime Gewinner bekommt einen tollen Trostpreis, z. B. ein Weingummitier, während der Sieger der Spielrunde bis auf die offensichtliche Siegerehre leer ausgeht. So gibt es während des Spiels schon mal relativ wenig Zoff, da jedes Kind darauf spekulieren kann, im Nachhinein doch noch zum Sieger der Herzen zu werden und den begehrten materiellen Preis abzustauben. Das ist eigentlich nur gerecht, da die meisten Spiele ja auch nur auf Zufallsprinzip und Würfelglück fundieren.

Manchmal ist der erste Platz jetzt plötzlich sogar der Unbeliebteste, außer ein Kind hat ganz klare Minderwertigkeitskomplexe und muss immer gewinnen, vielleicht weil es chinesische Leistungssportler unter den Vorfahren hat. Streit gibt es oft nur noch kurz, wenn der Gewinner der Herzen seinen Gewinn bekommt und der Sieger des Spiels das ungerecht findet oder andere enttäuscht sind. Aber Monika hat für diese Fälle noch einen Extra-Trumpf im Ärmel: Durch mehrere strategisch in der Wohnung platzierte Zettel mit den Nummern von 2 bis zur Anzahl der Mitspieler kann sie immer gerade demjenigen Kind den Preis zuschustern, das entweder am meisten herumstänkert, am traurigsten ist oder sich während des Spiels am nettesten und solidarischsten präsentiert hat, je nachdem, wie Belohnungsgott Monika gerade drauf ist oder die Situation es erfordert.

Besonders demokratisch gesinnte Kinder dürfen am Ende der Spielrunde selbst über den «Sieger der Herzen» abstimmen, und da erstaunt es Monika immer sehr, dass sich ohne Zögern alle für das Kind entscheiden, das eindeutig am traurigsten dreinschaut. Und kochen die Emotionen doch noch einmal über, zückt Monika einen Zettel, auf dem plötzlich alle Spielteilnehmer gleichermaßen fürstlich entlohnt werden. So bleibt es bei Spielenachmittagen für die kleinen Ehrgeizlinge im Hause Monika immer sehr unvorhersehbar und überraschend, und irgendwann geht es auch nicht mehr ums Gewinnen, sondern klassisch um den guten alten Würfelweg als Ziel.

54. Fahrraddiebe

Seit Viktorias Mann vorübergehend im Ausland arbeitet, ist Viktoria mit ihren drei Söhnen allein. Lorenz und Oskar sind noch jünger, mit den beiden läuft es im Moment einigermaßen gut, aber Niklas macht Viktoria große Sorgen. Ihr fünfzehnjähriger Sohn hat jetzt «echt coole Freunde, die geil was abziehen» und «die hammermäßig drauf sind». Wenn eine Mutter so etwas von ihrem Sohn hört, gehen natürlich alle Alarmanlagen gleichzeitig los. Er hätte auch sagen können: «Ich werde jetzt Diplom-Krimineller, Mutti, nur damit du es weißt.»

Als Niklas eines Abends von seinen neuen, coolen Freunden nach Hause gebracht wird, belauscht Viktoria das Gespräch zwischen ihnen.

Cooler Junge: «Alter, geile Aktion, das machen wir morgen wieder.»

Hammermäßig-draufer-Junge: «Was die scheißblöd gucken, wenn die Räder weg sind, die Opfer. Alles klar, man sieht sich, Alter.»

Niklas: «Alles klar, man sieht sich.»

Offensichtlich ging es hier um Fahrraddiebstahl. Auch wenn die Polizei noch nicht da war oder noch keinen entscheidenden Hinweis hat, ist es für Viktoria nicht das, was ihr Mann am Telefon meint, nämlich «gerade noch mal gut gegangen». Sie weiß, dass sie jetzt etwas unternehmen muss, und tut es auch.

Trick: Haltet den Dieb!

Von Viktoria (39), Verlagsangestellte, für ihren Sohn Niklas (15)

Viktoria kennt sich in ihrem Job bei einem kleinen Verlag gut mit Zeitungsvorlagen aus. Sie besorgt sich die Seite der Lokalzeitung, scannt sie ein und fügt einen eigenen Artikel ein, den sie dann kopiert. Täuschend echt, oder?

> **Fahrraddiebe auf der Flucht**
>
> **Die Polizei bittet um Ihre Mithilfe**
>
> *Hannover-Laatzen* An der Kreuzung der Wülferoder Straße/Ecke Kiefernweg wurden gestern Abend gegen 22 Uhr mehrere Fahrräder entwendet. Passanten haben drei jugendliche Täter erkannt, nach denen jetzt gefahndet wird.
>
> Am deutlichsten war einer der Täter zu erkennen. Er trug eine hellblaue Jeans, ein blaues Kapuzenshirt mit der Aufschrift „Lines" sowie eine schwarze Baseballkappe mit der Aufschrift „N.Y.".
>
> Nach Zeugenaussagen ist er ca. 1,60 Meter groß und hört auf den Namen Ikes oder Niklas.
>
> Die Fahrräder gehören einer sehr armen Familie, die sich keine neuen Räder leisten kann. Hinweise nimmt jede Polizeidienststelle entgegen.

Diesen Zeitungsbericht zeigt Viktoria ihrem Sohn Niklas und ist dabei hammermäßig cool drauf: «Guck mal Niklas, das fand ich irgendwie seltsam.» Niklas schaut sich den Artikel an, während Viktoria einen auf gerissenen Kommissar Columbo macht: «Der hat die gleichen Klamotten wie du, war an diesem Abend auch aus, ist genauso groß und hört auch noch auf deinen

Namen. Wenn ich es nicht besser wüsste, wenn ich nicht wüsste, dass du so etwas nie machen würdest, hätte ich dich im Verdacht. Gut, das Alter steht nicht drin, nur jugendlich. Aber das bist du ja auch, oder?»

Niklas wird ganz bleich: «Scheiße, ich war das nicht, die suchen den Falschen.»

«Was heißt, die suchen den Falschen? Dann suchen sie also tatsächlich dich?»

«Ja, nein, ich, oh Scheiße, ich war nur dabei, ich hab gar nichts gemacht.»

«Na, dann erzähl das mal der Polizei und dieser Familie.»

«Echt, Mama, wirklich, ich kann die nicht verpfeifen, die killen mich.»

«Ich mach das schon, Niklas, keine Angst. Du musst mir nur versprechen, dass du dich mit denen nicht mehr triffst, okay? Sonst landest du noch im Knast.»

«Versprochen, echt, versprochen!»

Nachtrag:

Ein paar Tage später, nachdem Viktoria sich sicher war, dass Niklas sich an die Abmachung hielt, klärte sie alles auf. Er flippte total aus und beschimpfte sie. Dann erklärte Viktoria ihm ganz ruhig, dass dieser Artikel genauso gut hätte echt sein können und dass er sich jeden Tag hätte fragen müssen, wann die Polizei kommen würde. Nachdem Niklas darüber etwas nachgedacht hatte, nahm er seine Mutter sehr lange in den Arm. So lange wie schon seit zwei Jahren nicht mehr. Merke: Kinder wollen auf den Arm, Mütter in den Arm genommen werden.

55. Nägel kauen, lecker

Natürlich ist es höllisch schwer, seinen Kindern vernünftig die großen philosophisch-moralisch-biologischen Themen des Lebens zu erklären, wie zum Beispiel «Warum Nägelkauen eine echt doofe Sache ist».

Trixies Eltern kennen das Problem nur allzu gut. Sie haben Trixie erklärt, dass ihr Zahnarzt sich Sorgen um ihre Zähne machen würde, dass ihre Nägel mittlerweile so aussehen würden, als hätte sie verzweifelt versucht, sich mit ihren Händen durch einen Zementboden zu graben, und dass das laute, ständige Knacken alle im Haus langsam, aber sicher in den Wahnsinn treibt. Papa Henning hat noch scherzhaft hinzugefügt, dass Trixie sich mit dem Nägelbeißen ja auch immer den Appetit aufs Essen verderben würde. Allerdings nagt Trixie nicht aus Hunger, sondern aus Langeweile, Nervosität, Gewohnheit oder was auch immer, und es sieht auch nicht so aus, als würde sie diese unangenehme Eigenart in naher Zukunft ablegen. Zeit für einen Trick? Trickfilmzeit!

Der Trick: Daran hat sie zu knabbern!

Von Henning (37), Fahrradladenbesitzer, für seine Tochter Beatrix (10)

Als Trixie ein Buch liest und sich dabei mal wieder mit Verve durch zehn ungewaschene Finger futtert, steht ihr Papa Henning vor seinem üblichen Dilemma: Wie damit umgehen? Was sagen und als Nervensäge abgetan werden? Bei Mama petzen und als uncool abgetan werden? Zur Tür rausmarschieren und nie wiederkommen? Oder nur die Tür öffnen und alle Nachbarn und Passanten Eintritt für das eklige Knack-Spektakel blechen lassen? Aber ... hey, man könnte ja auch ...! Henning grinst und fummelt sein Handy hervor. Dann drückt er auf Aufnahme und filmt heimlich mit.

Zwei Tage später ruft er seine Tochter in sein Arbeitszimmer. «Hey, Trix, guck dir das hier mal an», sagt er, und deutet auf den Bildschirm. Auf Youtube, Trixies Lieblingsseite nach Bieber-World, befindet sich ein Filmchen, das jemand mit «Careful! She bites!» untertitelt hat, was Henning Trixie mit «Vorsicht! Sie beißt!», übersetzt. Dann klickt er auf den Play-Button.

Trixie erkennt sich sofort wieder. «Das ... das bin ja ICH!!!»

«Ja», sagt Henning stolz. «Und ich hätte nicht gedacht, dass du so schnell so viele Klicks bekommen würdest!»

Er zeigt auf den Zähler, der bereits eine stolze 456 212 anzeigt. Unter dem Video stehen Zuschauer-Kommentare wie «OMG, she's so gross! What a complete waste of energy!», oder «She seems to be very hungry.»

«Du bist ein internationaler, viraler Erfolg, Schatz!», freut sich Henning.

Trixie läuft knallrot an, zu sehr vor den Kopf geschlagen, um in dieser Situation noch nervös an ihren Fingern herumzuknabbern. «Papa», stammelt sie verzweifelt und heiser, «ich bin doch da voll am Nägelkauen!»

«Na ja», sagt Henning, «ist mir irgendwie gar nicht aufgefallen. Wir kennen dich ja gar nicht mehr anders!»

Trixies Seele entfleucht ein Stoßseufzer tiefster Resignation. Eine Träne kullert einsam das Bäckchen hinab. Dann sprintet sie los, rennt in ihr Zimmer und schreit dabei «Alle können das sehen. Die ganze Welt! Alle werden mich auslachen!» Ihre Zimmertür knallt zu, und Trixie schreit noch mal: «Alle werden sie mich mobben! Ich bin am Ende! AM ENDE!!!»

Henning in seinem Arbeitszimmer nickt traurig. «Könnte

sein!», sagt er zu sich selbst, «... *wenn* du Miley Cyrus wärst!» Er klickt mit der Maus auf die Ecke des Trixie-Nagelbeißer-Filmes und das punktgenau ausgerichtete Fenster seines Video-Players mit der vorher entfernten verräterischen Menüleiste (z. B. «Hide menue» beim Windows-Media-Player) schließt sich wieder. Darunter kommt jetzt das echte Youtube-Video zum Vorschein, das bereits über 450 000 Klicks hat und das amerikanische Pop-Sternchen bei einem absurden Beiß-Angriff auf die Paparazzi zeigt. «Tut mir echt leid, Trixie! Aber deine Zähne und deine Fingernägel werden es dir irgendwann mal danken.»

Und tatsächlich, das tun sie, denn immer wenn sich Trixies Hand jetzt unbewusst in ihren Mund verirrt, schreckt sie plötzlich auf, blickt sich panisch um und lässt die Fingerchen schnell wieder sinken. Ihrem Papa hatte Trixie spätestens verziehen, als er sie darüber aufklärte, dass das nur ein fieser kleiner Scherz von ihm war.

56. Computerliebe

Kaspar ist zwölf Jahre alt und liebt seinen Computer. Mädchen mag Kaspar weniger, eigentlich gar nicht. Es gibt nur ein Mädchen, das hin und wieder seine Aufmerksamkeit erlangt: Irina. Carmen, die Mutter von Kaspar, hat sich lange gefragt, was Kaspar gerade an diesem eher schüchternen Mädchen mag. Dann ist ihr die Frisur von Irina aufgefallen. Irina hat schwarzes, glattes Haar, und sie trägt einen gerade geschnittenen Pony, von dem aus ihr Haar an beiden Seiten schnurgerade bis zum Kinn herunterfällt. Das muss der Grund für Kaspars Zuneigung sein. «Klar, Irinas Haar sieht aus wie der Rahmen von Kaspars Computerbildschirm», meint Carmen, «und wenn Irina mit ihm spricht, wirkt es so, als spräche sie zu ihm aus einem Bildschirm.» Carmen überlegt: «Kaspar spricht nicht so viel. Er ist eine Art Kaspar Browser, er spricht nur mit dem Internet.»

Dieses Internetbedürfnis teilt Kaspar mit vielen Jungen. Denn Bedürfnisse entsprechen nicht denen in der Bedürfnispyramide von Maslow[11]. Die Bedürfnisse der Jungen, das haben unabhängige Studien von Wissenschaftlern[12] gezeigt, sehen so aus:

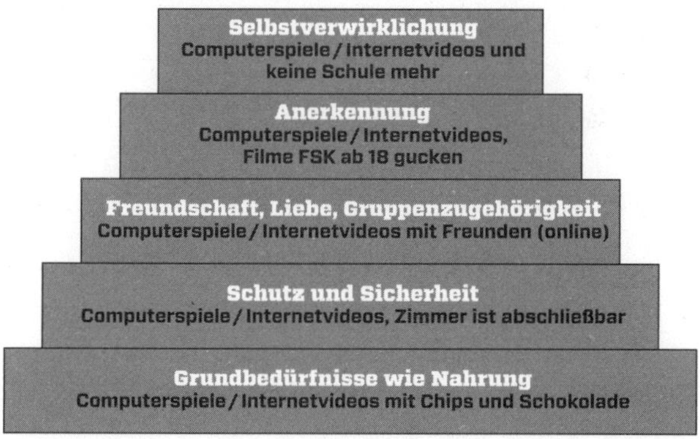

Bedürfnisse nach Maslow oben, Bedürfnisse nach Kaspar unten.

11 Abraham Harold Maslow, Gründervater der humanistischen Psychologie, das weiß jeder, der in der Schule gut aufgepasst hat. Alle anderen gucken bei Wikipedia nach, so wie die Autoren.

12 »Unabhängige Studien von Wissenschaftlern», diesen Satz lesen Sie in Zeitungen immer dann, wenn der Journalist keine Lust oder keine Zeit hatte, um zu recherchieren, welcher Wissenschaftler welche Studie für wen gemacht hat. Der Satz ist für eine stichhaltige Argumentation genauso brauchbar wie der Hinweis: «Guck mal, ein Vogel!» Sie können ihn verwenden, um auf die nörgelnden «Warum?»-Fragen Ihrer Kinder etwas anderes zu antworten als: «Weil ich es sage!» «Warum?» «Das haben unabhängige Studien von Wissenschaftlern ergeben.»

Carmen bittet ihren Mann Thomas, ihrem gemeinsamen Sohn Freizeitaktivitäten anzubieten, die nichts mit Computer zu tun haben. Aber Thomas sprüht auch nicht gerade vor Ideen: «Ja, was? Fischen gehen will er nicht mehr, Fahrradfahren macht er auch nicht mehr mit, was soll ich denn mit ihm machen?» Carmen fällt ein, dass sie ihren Mann auf einer Fischsuchtfahrradparty kennengelernt hat, und sie es schon damals sehr lustig fand, dass Fischen und Fahrradfahren seine Hobbys sind. Aber mittlerweile ist ihr das doch ein bisschen zu wenig. Vor allem, wenn es ihr darum geht, ihrem Sohn aufzuzeigen, was man im Leben außer Computergucken noch so alles machen kann. «Dann regle das wenigstens mal mit den Computerzeiten!», ermuntert Carmen ihren Mann in einem Ton, der erahnen lässt, warum Thomas so oft Fischen geht.

Der Trick: Schalterbeamter

Von Thomas (39), Ingenieur, für seinen Sohn Kaspar (12)

Thomas fällt es als Ingenieur nicht schwer, die Stromversorgung in Kaspars Zimmer umzubauen. Dazu klemmt er einfach die Leitung für die Steckdose an Kaspars Schreibtisch in der Verteilerdose ab. Dann steckt er einen Schalterstecker in die jetzt einzige stromführende Steckdose neben der Tür. Jetzt kann er Kaspars PC und den 27-Zoll-Bildschirm mit einem Klick direkt an der Zimmertür ausschalten.

«Und das hat nur 1,50 Euro für den Schalter gekostet», schwärmt Thomas seiner Carmen beim Abendbrot vor. «Ich könnte auch noch einen digitalen Schalter mit Code-System einbauen und dann ...»

«Suppe?», unterbricht Carmen den genetisch zur Langatmigkeit seiner Technikvorträge verurteilten Mann.

Kann die technische Kompetenz eine pädagogische Impotenz kompensieren? So lautet die Frage, die wir aus dem Buch *100 nicht ganz egale Erziehungsfragen* abgeschrieben haben. Die Antwort: Sobald Kaspar seine eineinhalb Stunden PC-Nutzung pro Tag überzieht, kommt Thomas und tippt ohne Vorwarnung auf den Schalter und stellt so den Strom ab. Egal welches Spiel Kaspar gerade auf welchem Level spielt. «Das sind die Regeln», sagt Thomas. Und tatsächlich hält sich sein Sohn an die strikte Abmachung, weil Thomas gnadenlos wie ein Schalterbeamter auf die Einhaltung der Zeiten achtet.

Nachtrag:

So weit, so gut. Aber Kaspar ist ein normaler 12-Jähriger und dies damit nicht das Ende der Geschichte. Ein paar Tage später klemmte Kaspar den dicken Bildschirm auf das Fußende seines Hochbettes, legte seine Bettdecke darüber, damit man den hellen Schein des Bildschirms nicht sah, und hockte sich unter die Bettdecke. Er steckte das Kopfhörerkabel in den Bildschirm und spielte seine Spiele munter weiter. Kinder glauben ja immer, Erwachsene wären blöd. Kaspar meinte, weil er auch noch Kissen von außen drapiert hatte, sähe es so aus, als wäre niemand im Bett. Tja, Kaspar, Erwachsene sind manchmal blöd, aber so blöd? Thomas kam ins Zimmer, guckte und drehte den Saft ab. Kaspar erschrak unter der Decke dabei so sehr, dass er den Kopf hochreckte, wodurch sein zu kurzes Kopfhörerkabel am Bildschirm zog und der von der Kante des Hochbettes auf den harten Laminatboden knallte. Game over. «Der Bildschirm ist im Arsch», stellte Thomas mit kompetenter Ingenieursdiagnose fest.

57. Nervige Fragen

«Es gibt keine dummen Fragen. Nur dumme Frager ...», sagt Herbert immer scherzhaft, obwohl er insgeheim ganz froh darüber ist, dass sein Sohn Jonas so wissbegierig ist. Leider gibt es entgegen der landläufigen Meinung aber sehr wohl dumme Fragen, und auf diesem Gebiet ist der neunjährige Jonas ein absoluter Meister. «Wie kommt das Rasen-betreten-verboten-Schild auf die Mitte des Rasens?», gehört da eindeutig schon zu den schlaueren Erkundigungen. Viel schlimmer sind für Papa Herbert die wirklich doofen Fragen, die richtig dämlichen Ich-stell-sie-nur-weil-ich-nerven-will-Fragen. «Warum ist unsere Katze nicht Harry Potter?», zum Beispiel. Oder «Warum ist die Frau da so hässlich?» Eigentlich ja eine gute Frage, doof nur, wenn sie laut in Hörweite der vermeintlich hässlichen Frau gestellt wird. Herbert braucht dringend eine ziemlich schlaue Antwort.

Der Trick: Studiengruppe Papa

Von Herbert (51), Filialleiter, für seinen Sohn Jonas (9)

Am wichtigsten bei doofen Fragen, sagt Herbert, ist das Ernstnehmen. Eigentlich zielt eine doofe Frage nämlich nur darauf ab, Papa aus dem Konzept zu bringen. Ein schlecht gelauntes «Weil das eben so ist!» gilt hier als goldene Trophäe für den Doofe-Fragen-Steller. Deswegen niemals genervt sein, auf alle Fragen nach bestem Wissen und Gewissen antworten, und wenn dann wirklich mal eine saublöde gestellt wird: Noch viel ernster nehmen! Und vor allem: Gegenfragen. Ständige Gegenfragen. Hier mal ein aktuelles Beispiel:

«Papa! Warum ist Mamas Po so dick?»

«Hmm, ganz ehrlich, Jonas? Diese Frage habe ich mir noch nie gestellt. Ich fand Mamas Po immer genau richtig. Weshalb kommst du darauf?»

«Weil er viel dicker ist als meiner oder deiner!»

«Und findest du es wichtig, wie dick ein Po ist?»

«Ja. Dick sieht komisch aus!»

«Na gut, Sportsfreund. Dann werden wir beide der Sache auf den Grund gehen. Hast du Lust?»

Eine Antwort wartet Herbert gar nicht erst ab, denn eigentlich wollte Jonas jetzt mit seiner Playmobil-Burg spielen und hat gar nicht damit gerechnet, dass Papa die Antwort so stark interessiert. Er war nur sauer, weil Mama ihm den Schokoriegel vor dem Mittagessen nicht erlaubt hatte. Aber Herbert führt ihn jetzt mit ans Bücherregal und lädt ihm diverse Nachschlagewerke auf die Arme.

«Hier, Jonas, ein paar Kunstbände. Guck mal nach, wie oft du da schöne Frauen mit dicken Pos findest. Je weiter man in der Zeit zurückgeht, desto dicker werden die nämlich. Und dann überlegen wir, warum dicke Pos deiner Meinung nach heutzutage eher lustig als schön sind.»

Jonas blättert lustlos durch die Bildbände. Herbert öffnet gleichzeitig ein paar komplizierte Artikel zur Sozial-Ästhetik und menschlichen Anatomie im Internet.

«Hier, Jonas, lies dir doch diese interessanten Sachen mal durch und fass sie ein bisschen zusammen. Unterstreich komplizierte Worte, die erklär ich dir dann später. Du darfst gerne auch die Zeichnungen abmalen. Ich drucke in der Zwischenzeit noch mehr Materi…»

«Nee, ich geh lieber spielen!»

«Kommt gar nicht in Frage! Das war *deine* Frage und *deine* Mama, die da gerade wütend abgerauscht ist. Ich will ihr also heute Abend eine vernünftige Erklärung von uns beiden dafür liefern können, warum ihr Po so dick ist!»

«Ich find den aber gar nicht dick!!!»

Und so macht Herbert es jetzt immer, wenn eine doofe Frage kommt. «Ouu, leider keine Ahnung, warum das Sofa nicht aus Smarties besteht, Sportsfreund. Komm, wir werfen den Computer an und recherchieren mal gemeinsam!» Gute Fragen werden dafür mit schönen knappen Antworten nach bestem Wissensstand belohnt. Die doofen Fragen sterben zwar nicht ganz aus, aber dennoch genießt Herbert dann immer die intensive Auseinandersetzung. Schließlich wird Jonas bereits in drei bis vier Jahren ja leider gar nichts mehr von ihm wissen wollen.

58. Verstockt und zugenäht

Wir können es nicht oft genug wiederholen: Kommunikation ist das A und O einer funktionierenden Erziehung. Leider kommt es auch bei der besten Wireless-Verbindung zwischen Eltern- und Kindunit irgendwann mal zu einem krassen Netzwerkversagen. Nur nennt sich das bei Menschen «Pubertät». Auf einmal wird aus Dialog eine akustische Einbahnstraße, und man weiß nicht mehr, was das Kind denkt, was es durchleidet, was es weiß oder nicht weiß. Man fürchtet sogar, der Nachwuchs sei über Nacht taubstumm geworden. Da kann es dann passieren, dass man gerade noch mit der schönen alten Klapperstorch-Geschichte um die Ecke kommt, obwohl der Spross bereits längst durch Schule, Freunde, Literatur oder Internet schroff, aber hinreichend über die Fakten des Lebens aufgeklärt wurde. Das Fazit: Kommunikationsversagen und ein überfordertes Teenagergehirn:

Besonders traurig wird es aber dann, wenn man als sensibles Elternteil merkt, dass dem Nachwuchs irgendetwas schwer im Magen liegt, also schwerer als die üblichen Pubertätsprobleme wie Pickel, unerwiderte Verknalltheit oder das generelle existenzielle Verzweifeln an der Schlechtigkeit einer nicht teenagerkompatiblen Welt, und er dennoch darüber nicht reden kann, weil es eben plötzlich einfach uncool ist, mit den Eltern über irgendwas zu reden. Weil sie einen sowieso nicht verstehen. Da können sie noch so oft versuchen, einem die offensichtliche Lüge aufzutischen, dass sie selbst auch mal jung waren. Auch Ingo macht es schwer zu schaffen, dass er und sein Sohn Florian plötzlich nicht mehr die besten Kumpel zu sein scheinen, die früher über alles quatschen konnten.

Der Trick: Problem gelöscht

Von Ingo (45), Versandhandelseinkäufer, für seinen Sohn Florian (14)

Nach dem wieder mal sehr schweigsamen Abendessen holt Ingo plötzlich einen Kochtopf an den Esszimmertisch. «Ich glaube, wir hatten heute alle einen ziemlich beschissenen Tag», erklärt er. «Manche Menschen verdrängen ihre Probleme, indem sie sich dann in wilde Sportaktivitäten flüchten und Kalorien verbrennen. Wir machen es uns etwas einfacher und verbrennen direkt unsere Probleme.» Er beginnt, mit seinem Bleistift auf einen Notizblock zu kritzeln. Dann reißt er den Zettel ab, knüllt ihn zusammen und wirft ihn in den Kochtopf. Seine Frau Corinna guckt zuerst amüsiert, aber als Ingo ihr aufmunternd zunickt, überlegt sie kurz und macht es dann genauso. Dann schiebt Ingo Florian Block und Stift zu. «Glaub mir, Meister des Augenrollens, danach wird es dir besser gehen. Probier's mal.» «Was soll ich denn da jetzt schreiben?» «Schreib das, was dich heute am meisten auf die Palme gebracht hat. Irgendwas, was dich tierisch nervte, oder traurig machte, oder einen geheimen Wunsch, egal ...» «Boah echt, das ist doch total oberbescheuert!» «Gut, dann schreib meinetwegen das: Papa hat wieder eine seiner oberbescheuerten Ideen beim Abendessen.» Florian starrt hohl auf den Notizblock, dann schüttelt er genervt die langen Haare und kritzelt doch etwas nieder. Er reißt den Zettel ab, knüllt ihn zusammen und wirft ihn zu den anderen in den Kochtopf, wo sie dann von Ingo rituell mit einem Streichholz entzündet werden und munter vor sich hin brennen, bis er den Deckel auf den Topf haut. «Na? Spürt ihr schon, wie die Last des Tages von euch abfällt?» «Nee», sagt Florian und nimmt noch einen Nachschlag Pudding. «Egal», sagt Ingo. «Das machen wir von jetzt an jeden Abend!»

Netter kleiner homöopathischer Wohlfühltrick? Wohl kaum, denn dieses Buch hat ja nicht umsonst «nicht ganz legal» mit auf dem Titel prangen. Hier kommt der Teil des Tricks, für den Ingo sich immer ziemlich schämt: der Augenblick, wo er mit einem weichen Bleistift den obersten Zettel im Notizblock, auf den sich Florians Schrift durchgedrückt hat, flach schraffiert, um herauszufinden, was Florian auf dem Zettel darüber geschrieben hat. Meistens ist es nur ein Satz wie «Ihr könnt mich alle mal!», manchmal was Herzergreifendes wie «Wollte einer Alten die Einkaufstüten tragen, aber Robert und Olli waren dabei und hätten sich weggeschmissen», aber hin und wieder ist es auch mal eine wichtige Informationseinheit, die er von einem stolzverstockten Teenie sonst niemals erhalten würde. «Glaube, Sandra will mehr als nur knutschen. Panik pur» zum Beispiel. Da wird Ingo in den nächsten Tagen ganz beiläufig und behutsam mal das Thema Verhütung ansprechen. Das wird Florian zwar furchtbar peinlich sein, aber irgendwo wird's ihm auch guttun, mit seinen Problemen eben doch nicht alleine zu sein auf der Welt, egal wie kriminell und NSA-mäßig die Wege der Informationsbeschaffung auch sind. Und Ingo ist einfühlsam genug, um das Gespräch nicht mit dem Satz zu beginnen: «Na, da brat mir doch einer einen Storch, dich will also die Sandra pimpern. Apropos Storch ...»

59. Das verschwundene Wechselgeld

«Es gibt Menschen, die können einem alles Mögliche erzählen, und man glaubt es ihnen», sagt Petra. «Mein Mann Tilman ist so einer. Der war als Kind schon so. Da hat er seiner Tante Katja erzählt, er könne Auto fahren. Und das mit zwölf Jahren, das muss man sich mal vorstellen. Gut, in der Stadt hätte ja jeder sofort gesagt ‹Jaja, mein Kleiner, wenn du groß bist!›, aber auf dem Land traute man den Kindern früher schon allerhand zu, weil einige ja auch Traktor fahren mussten und so, um bei der Landarbeit zu helfen.» Und so passierte laut Petra das Unvermeidliche: Tilman stieg in den Mercedes seiner Tante und gab ordentlich Gummi. Aber als die erste Kurve kam, war er unfähig, Kurve und Lenkung miteinander in Verbindung zu bringen, und fuhr geradeaus in den Graben. Verletzt wurde nur das Auto. Vielleicht noch Tante Katjas Vorstellung des Wortes «Können», die nach diesem Vorfall einer Überarbeitung bedurfte.

Petra regt sich über diese Geschichte immer noch auf: «Da sagt die Tante, ‹Ja, wenn der Tilman doch gesagt hat, er kann es›», Petra schüttelt den Kopf. «Wenn ein Vierjähriger sagt, er könne fliegen, mach ich auch nicht das Fenster im fünften Stock auf. Kinder können vor allem eins: einem alles erzählen! Das ist ja nicht aus böser Absicht, aber das ist nun mal so.»

Petra ist bei ihrem siebenjährigen Timo nicht so gutgläubig. Zum dritten Mal in einer Woche kommt er mit zu wenig Wechselgeld vom Brötchenholen zurück. «Das hab ich verloren», meinte Timo. Beim nächsten Mal erzählte er: «Ich bin so schnell gelaufen, da war ein Hund, da muss es mir aus der Tasche gefallen sein.» Und dieses Mal: «Ich hab ein Loch in der Hosentasche, da müssen die 50 Cent rausgefallen sein.» Petra sieht nach und entdeckt tatsächlich ein Loch. Aber es ist zu klein für ein 50-Cent-Stück. Um ihrem Sohn die Wahrheit zu entlocken und ihm klarzumachen, dass so etwas immer herauskommt, bläst Petra zum Generalangriff auf die Flunkerei.

Der Trick: In Timo veritas

Von Petra (39), Angestellte, für ihren Sohn Timo (7)

«Ja gut, Timo, wenn das Geld durch das Loch gefallen ist, dann suchen wir es jetzt, okay?»

«Okay», meint Timo zögerlich. Er ahnt nichts Gutes und liegt damit goldrichtig.

Als Erstes ermuntert Petra ihren Sohn, die Unterseite der Fußmatte vor dem Haus zu kontrollieren: «Vielleicht sind die 50 Cent in die Ritzen der Fußmatte gerutscht, dreh sie mal um und schlag sie ordentlich aus, ich guck, ob was herausfällt.» So kriegt man Kinder auch zur Hausarbeit. Draußen zeigt Petra auf die Fugen der Bordsteinkante: «Da, such mal da, vielleicht sind sie in den Dreck gerutscht.» Timo guckt schon ziemlich genervt. Dann sagt sie: «Ach komm, wir gehen mal zum Bäcker und fragen. Vielleicht hat er dir ja zu wenig Wechselgeld herausgegeben.»

«Äh, nee, nee, das war bestimmt genug», winkt Timo ab.

Um die Suche nach den 50 Cent noch weiter aufzublasen, ruft Petra auf dem Weg zum Bäcker ihre Freundin an: «Sag mal Simone, hast du Zeit, mir suchen zu helfen? Wir suchen hier 50 Cent, die hat der Timo verloren ... Ach ja, klar kannst du deinen Mann mitbringen, der ist doch bei der Feuerwehr. Vielleicht können die ja mit einem Wagen kommen und auch suchen helfen, ja? Ja, ist gut.» Petra legt auf und blickt zuversichtlich: «Wir finden das Geld bestimmt, Timo, die Simone kommt mit ihrem Mann, und der kommt mit seinen Kameraden, die haben gerade nichts zu tun und wollen suchen helfen. Das ist doch gut, oder?»

«Nein, Mama, die kommen doch nicht, oder? Die Feuerwehr?»

«Wieso nicht? Was ist denn?»

«Ich hab mir im Supermarkt einen Riegel gekauft für das Geld.»

«Für 50 Cent?»

«Vom letzten Mal hab ich auch schon 50 Cent gehabt.»

«Aber Timo, das hättest du mir sagen können. Das ist doch nicht schlimm. Aber einfach etwas erfinden, Timo, du siehst ja, was daraus werden kann. Dann kommt am Ende die Feuerwehr. Komm, wir gehen jetzt zum Bäcker und kaufen uns ein süßes Teilchen.»

«Jaa!»

Timo ist glücklich, Petra auch. Simone ist ebenfalls glücklich, sie muss nicht suchen helfen. Und der Bäcker, er verdient heute noch mal an Timo. Nur der Hund ist nicht glücklich. Wie? Welcher Hund? Na, der imaginäre Hund, über den Timo gesagt hat, er habe vor ihm weglaufen müssen. Da wird sich der Tierschutzbund mit dem Kinderschutzbund über die Frage streiten: Werden Tiere von Kindern zu Unrecht beschuldigt? Wir geben ihnen einfach schon mal die Antwort: Ja, werden sie. Aber manchmal eben auch zu Recht, wie eine andere Geschichte von Timo beweist.

Nachtrag:

Timo kommt ein halbes Jahr später von einem Schulausflug zurück und hat mächtig Ärger am Hals, weil er eine Theatervorstellung geschwänzt haben soll. Dabei ist nach seinen Worten Folgendes passiert: Die Lehrer haben vor der Theatervorstellung Eintrittskarten an die Schüler verteilt. Bis zur Vorstellung war noch etwas Zeit, also gingen Timo und sein Freund Johann nach draußen. Neben dem Theater entdeckten sie einen Mann mit einem Esel. Er war vom Zirkus, der in der Stadt an dem Abend gastierte. Der Mann sammelte Geld für Tierfutter. Als Gag nahm Timos Freund Johann die beiden Eintrittskarten und hielt sie dem Esel hin: «Hier, wir haben nix, aber haha, kannst ja die Karten fressen.» In dem Moment schnappte der Esel die beiden Karten, kaute und schluckte sie herunter. Timo und Johann waren total perplex. Sie trauten sich nicht ins Theater, weil sie keine Karten mehr hatten.

Diese Geschichte erzählten sie auch dem Lehrer: «Ein Esel hat unsere Eintrittskarten gefressen.» Daraufhin sagte der Lehrer: «Wollt ihr mich verarschen?!» Also genau das, was jeder denken würde. Aber Petra hat den Mann mit dem Esel eine Woche später tatsächlich getroffen und erfahren, dass die Geschichte sich genau so abgespielt hat. Timo hat nicht gelogen! Vielleicht hätte er bei seiner Flunkerei mit den 50 Cent auch sagen sollen: «Ein Esel hat sie mir aus der Tasche gezogen und sich damit einen Riegel gekauft.» Vielleicht beim nächsten Mal, Timo, wenn deine Großtante Katja zu Besuch kommt.

60. Pubertäres Trend-Tattoo

Es ist so weit! Eva, 15, will ihr erstes eigenes Tattoo und sich damit quasi selbst aus dem Paradies der Kindheit vertreiben. Ihre beste Freundin Gabi hat auch schon eins, einen süßen kleinen Ponykopf am Oberarm. Damit will sie vor allen Dingen Antonio beeindrucken, der auf dem Gestüt arbeitet und schon drei Jahre älter ist. Da Eva Antonio aber noch süßer findet, will sie sich direkt ein ganzes Pony auf den Oberarm tätowieren lassen. Evas Eltern empfinden sich selbst alles andere als spießig, aber ein Tattoo? Eigentlich hatten sie für Eva eine andere Zukunft geplant als «Kassiererin beim Lidl».

Diesen Vergleich findet Eva allerdings überhaupt nicht lustig, sondern eher sozial unsensibel und vorurteilsbeladen (auch wenn Eva da konkret den geschrienen Satz «Ihr Scheiß-Spießer!» benutzt hat). Außerdem sei eine Tätowierung schließlich schon lange nicht mehr Beweis für Zugehörigkeit zur sozialen Unterschicht, sondern ein ästhetischer, klassenübergreifender Ausdruck fürs innerste Empfinden auf der stets präsenten Leinwand des Lebens, der menschlichen Haut. (Auch wenn Eva da konkret ebenfalls andere Worte benutzt hat, nämlich: «Gar nich asi, sondern total geil.») Evas Papa lässt nun doch mal die Maske des toleranten Erziehungsberechtigten fallen und haut auf den Tisch: «Absolut nein, verdammt! Du bist 15! Ich lasse nicht zu, dass sich meine Tochter ein Brandzeichen verpassen lässt wie ihr Lieblingspony, das sie dann den Rest ihres Lebens nicht mehr loswird!»

«Man kann es ja wieder weglasern lassen», sagt Evas Mama harmoniebestrebt.

«Sicher», ätzt Papa weiter, «das wäre, als ob ich 150 Euro für einen Schluck vom teuersten Wein der Welt bezahlen müsste, und dann noch mal 150 fürs Wieder-Ausspucken! Das geht ja auf keine Kuhhaut.» Den Vergleich findet Oma Hilde jetzt in dem Zusammenhang etwas unsensibel, aber er bringt sie auf eine Idee.

Der Trick: Tattoo Tattaa!

Von Hilde (74), Rentnerin, für ihre Enkelin Eva (15)

Beim nächsten Freibadbesuch von Eva und ihren Freundinnen ist Hilde wie zufällig auch am Start. Alle bewundern schon wieder Gabis Ponykopf, als die fitte Oma plötzlich die Textilien ablegt. Auf beiden Oberarmen prangen Tattoos, links ein Seepferdchen, das Doppelflöte spielt, rechts ein brennender Totenschädel, und den Oberschenkel verziert außerdem das Bild eines

Strumpfbands, in dem ein Revolver und zwei Asse stecken. Ein seltsames Schweigen befällt das gesamte Freibad. «Was hast du denn gemacht, Oma?», fragt Eva fassungslos.

«Ach Eva, Körperkunst war schon immer mein Traum. Aber erst durch dich hab ich den Mut gefunden, mich dazu zu bekennen!»

«Aber ... diese faltige Haut ... und diese seltsamen Bilder ... das sieht dir gar nicht ähnlich!»

«Wenn du erst mal dein Pony hast, und bei dem wird's ja nicht bleiben, dann wirst du auch bald so aussehen wie ich, mein Kind. Dann sind wir die Tattoo-Schwestern!» Oma Hilde baut sich breitbeinig vor den Girls auf und verschränkt cool die Arme. «Ich bin die Königin unseres fetzigen Tätowierclubs! Abgemacht?»

Bereits wenige Sekunden später haben sich Evas Freundinnen unter offensichtlich fadenscheinigen Entschuldigungen in alle Himmelsrichtungen verabschiedet. Und auch wenn eine Tätowiernadel garantiert nicht so schmerzen kann wie die glühendstechenden Blicke der umherliegenden Badegäste, nimmt sich Eva doch vor, vorerst auf eine eigene Tätowierung zu verzichten. «Sag mal, Oma», hebt sie vorsichtig an, als Hilde später auf der Liegedecke neben ihr trocknet, «hat das eigentlich sehr weh getan?»

«Oh ja, Kind. Es war die reine Hölle! Die reine Hölle!» Und das stimmt sogar, denkt Oma, denn ihre alte Freundin Sibylle, die talentierte Hobby-Künstlerin, die die «Tattoos» mit wasserunlöslichen Stiften auf ihre Haut gemalt hat, erzählt ja ständig ellenlange, quälend langweilige Geschichten.

61. Kunstvolle Sachbeschädigung

«Als Kind ist jeder ein Künstler. Die Schwierigkeit liegt darin, als Erwachsener einer zu bleiben.» Pablo Picasso.

Ja, aber liegt die Schwierigkeit nicht auch darin, früh genug zu erkennen, ob man Talent hat oder nicht? Dass alle Kinder Künstler sind, darin sind sich Eltern einig. Freuen wir uns nicht alle, wenn die Kleinen uns das zehnte Bild in Folge zeigen? Sind wir nicht alle entzückt, wenn wir einen Klecks und fünf Striche bestaunen dürfen? Betrachten wir nicht alle so ein Bild mit wohlwollender Neugierde: «Jaha, schöööön, und das ist ... äh ... eiiineee ... Katze! Genau, jetzt wo du es sagst, sieht man es richtig gut. Ja, du hast recht, andersherum halten. Jaaa, was für eine schöne Katze. – Ach, was sagst du? Oder ein Pferd? Gut, ja, oder ein Pferd. Sehr schön. Das hast du toll gemacht, das äh, Pferdekatzdings, gaaanz toll!»

Lieber Pablo Picasso, Sie haben 50 000 Werke geschaffen! Nicht alle Eltern besitzen ein Privatmuseum oder einen Flugzeug-Hangar, um die Kunst ihrer Sprösslinge entsprechend würdigen zu können. Gleichwohl machen alle ihren Kindern immer und überall Mut, zu Pinsel oder Malstift zu greifen. Malbücher liegen beim Arzt, in der Kita, bei Freunden, unterwegs im Auto wird gemalt und zu Hause sowieso. Immer und überall wird das Werk des Künstlers gelobt, egal wie es aussieht. Die Frage, die sich bei dem nun folgenden Erziehungsproblem stellt: War das all die Jahre vielleicht ein Fehler?

Glenn ist mit seinen sechzehn Jahren auch der Ansicht, er sei ein Künstler. Ob das Wort «Fuck» auf einer Hauswand schon Kunst ist, können wir Pablo Picasso leider nicht mehr fragen. Aber womöglich hätte er es auf seiner Hauswand auch nicht einrahmen lassen. Die Frage nach dem Wert der Kunst wurde schon oft gestellt. Glenns Vater Rolf meint, er könne sie beantworten: «Wenn Graffiti Kunst ist, weiß ich, was Kunst kostet. Graffiti zu beseitigen, kostet jedes Jahr in Deutschland fast eine halbe Milliarde Euro!» So herum hat das allerdings noch niemand gesehen. Den Wert der Kunst an deren Beseitigungskosten zu messen, das ist schon eine Leistung, Rolf. Sein Sohn Glenn kontert ausgerechnet mit dem Totschlagargument der Konservativen und der Wirtschaft: «Das schafft Arbeitsplätze.»

«Aber das ist eine Straftat, Glenn, du kannst nicht einfach das Eigentum anderer beschädigen!»

«Das ist Kunst, und der Raum, in dem wir uns bewegen, gehört allen.»

Als Rolf über den Vater von Glenns Spraykumpel Izzy (Künstlername) herausgefunden hat, dass den Jungs beim letzten Mal die Polizei auf den Fersen war, muss Rolf handeln. Entweder landet Glenn in einer Zelle im Jugendknast und kann die dann ausmalen, oder Rolf verarmt, weil er für den entstandenen Schaden haften muss. Beide Alternativen wirken auf ihn nicht besonders attraktiv.

Der Trick: Auge um Auge, Kunst um Kunst

Von Rolf (53) und Leslie (55), Graphiker, für ihren Sohn Glenn (16)

Rolf spricht mit seiner Frau Leslie. Sie trägt Rolf eine Idee vor, die er zunächst als total bescheuert abwehrt. Ein ernster Blick von Leslie lässt ihn dann aber recht schnell zustimmen. «Wenn Kindererziehung so einfach wäre wie die Erziehung von uns Männern», denkt Rolf, «aber so einen Blick kriege ich einfach nicht hin.»

Als Glenn schläft, ziehen die beiden, mit Spraydosen bewaffnet, vor die Tür. Sie schauen auf Glenns wunderschönen verchromten Vespa-Roller und los geht's. Mit ausgesuchten Lieblingsfarben wie Pink, Lila, Mintgrün und Braun verzieren sie den Roller und schreiben als fettes antikapitalistisches Statement «Fuck» auf den Tank. Unzufrieden mit der eigenen Straftat, aber zufrieden, als Eltern etwas getan zu haben, gehen sie ins Bett.

«Welches Arschloch hat meinen Roller beschmiert?»

«Das weiß ich nicht», heuchelt Rolf, «das ist ja furchtbar. Ich finde das nicht in Ordnung, du kennst meine Meinung. Aber mich wundert jetzt doch ein bisschen, dass gerade du dich darüber aufregst. Ist dein Eigentum denn nicht auch ein Teil des öffentlichen Raums?»

Es hat einige Zeit gedauert, aber irgendwann hat Glenn die Meinung über seine Kunst geändert und seine nächtlichen Streifzüge unterbrochen. Rolf hat ihn bei einem Kunstkurs der Uni angemeldet, damit er sich künstlerisch austoben kann. Vielleicht bringt er ja noch mehr zustande als nur «Fuck». Und der Roller? Der wurde nach dem ersten Regen von dem Haarfärbe-Spray aus dem Karnevalsbedarf wieder befreit. Leider verwenden Sprayer solche Farben nicht. Das wäre ein gesellschaftlicher Kompromiss, mit dem auch Rolf leben könnte.

Zusammen leben und lernen

Erziehungstricks No. 62-87

62. Die Markenmütze

Wenn Ihre Tochter über Markenartikel redet, klingt das dann ungefähr so? «Danke für den Hinweis, liebe Eltern, ihr habt natürlich vollkommen recht. Wenn ich mir ein Markenprodukt kaufe, dann heißt das nicht, dass die Qualität zwangsläufig besser ist. Wir Verbraucher tappen leider mit beharrlicher Naivität in immer dieselben Werbefallen. Wir bezahlen zum Beispiel mehr Geld, nur weil etwas anders heißt. Aber wenn ich nicht Laura sondern Lara hieße, würde mein Wert dadurch gesteigert? Sicher nicht. Ich werde ein günstiges No-Name-Produkt dem überteuerten Markenprodukt, das mir seinen fragwürdigen Charakter aufoktroyieren möchte, stets vorziehen. So glänze ich durch mein eigenes Wesen, durch meine Worte und Taten. Ich bin ich, und nicht die ausgebeutete Litfaßsäule irgendeines Herstellers für Konsumartikel.» Na, erkennen Sie Ihre Tochter wieder? Gut, dann überspringen Sie diesen Trick.

Laura (13) will unbedingt eine Mütze der Marke «Dings» (aus juristischen Gründen steht hier ein Platzhalter, die Marke fängt mit A an). Nur diese und *nur* diese Marke darf es sein. Und warum? Weil Lauras Freundin Eva auch so eine trägt. Eva wiederum musste diese Mütze der Marke «Dings» unbedingt sofort haben, weil die Promitusse «Bums» (aus juristischen Gründen steht hier ein Platzhalter, der Nachname fängt mit K an) in irgendeiner TV-Show genau diese Strick-Mütze getragen hat. Für das bisschen Strick, das Omi in einer halben Stunde aus den Resten von Opas Wehrmachtssocken zusammengehäkelt hätte, ruft der Hersteller einen aktuellen Preis auf von 179 Euro. Nein, die Frage ist berechtigt, aber man bekommt nur die Mütze und kein zusätzliches Wochenende in einem Wellness-Center. Nur die Mütze! Und Laura *will* diese Mütze, sonst *will* sie nicht mehr leben. Das überlegt ihre Mutter Bettina zwischendurch schon mal als Alternative. Denn mit vernünftigen Argumenten ist ihrer Tochter einfach nicht mehr beizukommen.

Der Trick: Mützenmeinungsmache

Von Bettina (45), Hausfrau, für ihre Tochter Laura (13)

Bettina benutzt Elena, um ihre Tochter Laura zu manipulieren. Elena ist nicht irgendjemand, sie ist die schöne Elena, die Tochter der Nachbarin. Ein Mädchen, das Laura total cool findet, ein Mädchen, auf das sie in Modefragen immer hört. Denn Elena weiß, was heute megahip und morgen megaout ist. Elena ist neunzehn und kennt über ein paar Ecken ein Mädchen, das modelt. Und zwar nicht irgendwo, sondern in New York! Endcool. Für Bettinas Tochter Laura ist es ungefähr so, Elena zu kennen, wie für Bettina, mit jemandem befreundet zu sein, der den Dalai-Lama kennt. Alles in allem sind sich diese beiden Welten also näher, als man glaubt. Der Dalai-Lama trägt ebenfalls Kleider, und das Fasten wird ihm genauso auferlegt.

Als Elena mit Laura rumhängt, bringt Bettina wie zufällig das Gespräch auf diese Promitusse «Bums». Also genau die Promitusse, die diese teure Strickmütze auf ihrem vom Wind durchwehten Kopf trägt. Jetzt erklärt die schöne Elena, wie mit Bettina abgesprochen, der kleinen Laura, ihre Modelfreundin aus New York habe gesagt, dass nicht nur diese Promitusse megaout sei, sondern auch deren Mütze. Nur Hanni und Nanni vom Ponyhof könnten so was noch cool finden. Megaoute Mütze! Jetzt ist Bettinas Moment gekommen, sie zeigt ihren Triumph nicht. Sie bleibt megacool und regt «spontan» an, Elena solle doch mit Laura mal shoppen gehen und nach einer hippen (preisgünstigen) Alternative zur Tussenmütze suchen. Als Dank bekommt Elena, von Laura unbemerkt, einen kleinen Zuschuss von Bettina, um sich selbst etwas zu kaufen.

«Geiiiil!», bricht es aus Laura heraus, und schon sind beide durch die Tür, und Bettina hat 100 Euro gespart. Bettina überlegt: Wenn sie das bei einigen viel zu kostspieligen Wünschen ihrer Tochter über ein paar Jahre macht, kann sie Laura von dem ersparten Geld ein Flugticket nach New York schenken. Geiiiil!

63. Finanzen, der Wert des Geldes

Ich weiß nicht, wie Kinder das immer schaffen, ihren Euro Taschengeld für die Woche bereits nach drei Tagen für Süßkram und Sammelbildchen verblasen zu haben. Das war natürlich jetzt bitterste Ironie und gleichzeitig eine schlecht verpackte Kritik an der damaligen Knauserigkeit der Eltern der Autoren (auch wenn es zu unserer Jugend nur eine Mark die Woche war, und noch kein wertvoller Euro). Heutzutage würden Kinder hingegen über einen Euro pro Woche zu Recht lauthals lachen. Allein das Mobiltelefon kostet bei einer guten Flatrate ja bereits das Fünffache unseres damaligen Taschengelds.

Nehmen wir nur die Kinder von Hans und Lena, Felina und Torben. Da nun der Umzug ins schöne neue Häuschen stattgefunden hat, haben plötzlich beide die fixe Idee, dass vor allem die Kinderzimmer dieses Häuschens auch gefüllt werden müssen, egal womit, egal wie überflüssig, egal wie teuer. Gut, denkt Hans, Miete zahlen war laut einer alten Fernsehwerbung vielleicht nicht wirklich gerade «fortschrittlich», aber da war wenigstens am Ende des Monats immer noch ein bisschen Geld übrig, das man den Kindern in die «Mehr! Mehr!» fiependen Kükenschnäbel stopfen konnte. Aber jetzt, da Hans selbst der arme Bankkredit-Abbezahlungs-Wurm ist, gehen ihm die ständig neuen Forderungen nach Markenklamotten, schweineteuren Fortsetzungen von Videospielen und Abos für Film-Streaming-Homepages zunehmend auf die Hausbesitzer-Cojones.

Der Trick: Kinder sind echt 'ne Bank

Von Hans (44), Lebensmitteltechniker, für seine Kinder Felina (13) und Torben (16)

Manchmal ist alles, was nötig ist, nur ein bisschen Verantwortung. Torben und Felina betteln um noch mehr Taschengeld, also überlässt Hans ihnen gleich das gesamte Haushaltsgeld für den Monat. Die beiden sind jetzt quasi die Finanzabteilung der Familie, mit alleiniger Verfügungsgewalt, aber das heißt eben auch, dass sie sich Gedanken darüber machen müssen, was wofür ausgegeben wird. Theoretisch könnten sich Torben und Felina also an den Laptop setzen und Weihnachten mit einer kleinen Verschwendungsorgie um ein halbes Jahr vorverlegen. Felina hätte auch nichts dagegen und surft sofort nach der Glitzerschminke, die ihre frühreife Freundin Lena auch schon besitzt.

Torben hingegen legt mit gewichtiger Miene ein Veto ein. Er glaubt plötzlich, wenn er das in sich gesetzte Vertrauen der Eltern nicht irgendwie rechtfertigt, wird ihm nie wieder eine so wichtige Aufgabe anvertraut. Das Wohl der Familie liegt immerhin jetzt in seinen Händen, und deshalb wartet er zwei ganze Tage, bis er sich das neue Game mit dem Allround-Massenmörder aus dem Mittelalter bestellt. Nach einer Woche ist das Haushaltsgeld bereits verbraucht, und die Familie muss sich ziemlich bescheiden, Reis ohne Beilagen essen, das Kakaopulver in Wasser auflösen, Papier-Taschentücher als Klopapier missbrauchen usw.

Das Experiment ist glorios gescheitert. Nicht allerdings für Hans und Lena, die genau *das* erwartet haben und nebenher natürlich heimlich dank ihrer Sparreserven genauso komfortabel weiterleben wie bisher. Im Monat darauf überlassen Torben und Felina den Eltern wieder die Haushaltskasse und betteln stattdessen lieber weiterhin um Sonderzuwendungen. Aber nicht mehr halb so oft wie vorher. Und irgendwie mit einem fast unmerklichen Funken Sympathie und Zuneigung im Blick. Vielleicht ist das aber auch nur Einbildung. Kinder können ja so nett sein, wenn sie was brauchen.

64. Brüderlich teilen

Es begab sich vor einiger Zeit, dass Abel, bzw. Oliver (5), aus der Herde seiner Spielautos eines herausnahm, um es dem Herrn seinem Gott zu opfern bzw. um es seiner Mutter zu zeigen. Die Mutter fand Wohlgefallen am Spiel des Sohnes und blickte sanftmütig auf ihn herab. Und da geschah es, dass auch sein Bruder Kain, bzw. Thomas (7), seiner Mutter Wohlgefallen gewinnen wollte, und er erbat ein Spiel mit dem Auto. Sein Bruder aber gab das Auto nicht her. Da ergrimmte Thomas sehr, und seine Gebärde verstellte sich. Da sprach die Mutter zu Thomas: «Warum ergrimmst du? Warum verstellt sich deine Gebärde? Wenn du fromm bist, so bist du angenehm; bist du aber nicht fromm, so ruht die Sünde vor der Tür, und nach dir hat sie Verlangen; du aber herrsche über sie.» Da nun sprach Thomas mit seinem Bruder Oliver. Und es begab sich, da sie im Wohnzimmer waren und sich um das Matchbox-Auto stritten; da erhob sich Thomas wider seinen Bruder Oliver und schlug ihn tot, fast jedenfalls.

Der Trick: Das salomonische Urteil

Von Sofia (48), Gartenpflegerin, für ihre Söhne Oliver (5) und Thomas (7)

Und so geschah es, dass König Salomon, bzw. Königin Sofia, die weiseste, aber nicht leiseste unter den Königinnen des Geschlechtes tierisch aus dem Quark kam, sich das Auto schnappte und brüllte: «Wenn ihr euch noch einmal wegen diesem Scheiß streitet, schneide ich es mittendurch! Ist das klar?!» Da sich nun die Königin Sofia entfernte, es waren nach Maß nicht einmal ganze drei Fuß gewesen, stritten die Söhne abermals und prügelten einander. Und so geschah es, dass die Königin das Matchbox-Auto nahm, in den Geräteschuppen eilte und das Auto mit dem Beil in zwei Teile schlug. Da wandte sie sich mit all ihrer Weisheit und Güte an ihre Söhne, gab jedem eine Hälfte und sprach: «Hier, viel Spaß damit!» Und so begab es sich, dass der Söhne Streit ein Ende hatte.

Nachtrag:

Die Söhne stritten am nächsten Tag schon wieder. Thomas verglich die beiden Autohälften und fand seine deutlich kleiner. Dazu ist den Autoren dann kein Bibeltext mehr eingefallen, außer: «Herr, wirf Hirn vom Himmel!»

65. Nörgeln, alles doof hier

Wann immer sich Paulas Schwester Betti samt Bagage zu Besuch aus Berlin angekündigt hat, vermischt sich bei Paulas Mann Rainer Angst mit Vorfreude. Angst vor dem ständigen Herumgenörgel von Bettis verwöhnten Kindern, Vorfreude auf die irgendwann in ferner Zukunft wieder stattfindende Abreise der Großstadt-Mischpoke.

Sind Elias und seine Schwester Ruby dann erst mal ein paar Stunden da, fängt das Gemoser auch schon an: Auf dem Land ist ja überhaupt nix los, es gibt keine riesigen Einkaufszentren und keine modernen Kinopaläste, das Internet ist «beschissen langsam», die DVD-Auswahl ist «beschissen und babyhaft», die Wii-Spiele sind «babyhaft und beschissen», das Essen (und die Essensauswahl in den Supermärkten) ist «einfach nur beschissen», die Smartphones haben keinen richtigen Empfang, und die Landbewohner sind überhaupt alle «viel zu dick und zu hässlich und zu unfreundlich» und, und, und.

«Oh Gott», denkt Rainer, «das wird der längste Sommer meines Lebens. Vor allem, weil es nicht lange dauert, bis diese sonnengebräunten Neureichen-Äffchen auch meine eigenen beiden sonst so herrlich zufriedenen Kinder infiziert und defätistisch kontaminiert haben. Ich muss was tun!» Und nachdem er schweren Herzens den Gedanken wieder verworfen hat, Elias und Ruby einfach wie weiland Hänsel und Gretel in einer Nacht-und-Nebel-Aktion im Wald auszusetzen, tut er auch etwas.

Der Trick: Vorwärts in die Vergangenheit

Von Rainer (48), Übersetzer, für seinen Neffen Elias (10), seine Nichte Ruby (12) sowie seine eigenen Kinder Miriam (11) und Raban (9)

«Na gut», sagt Rainer eines Abends, nachdem sich Elias und Ruby gerade wegen fehlender «Crispy-Bits» über die Qualität von Paulas selbst gemachten Hot Dogs beschwert haben. «Ihr habt keinen Bock auf das Hier und Jetzt, also geht's mit unserem verzauberten Zeitreisezimmer einfach woandershin! Verbringt die Nacht in diesem Superspezialzimmer und lasst euch überraschen, wohin die Winde der Zeit euch wehen! Morgen früh wisst ihr dann Bescheid! Na, wer traut sich?»

Die Idee wird zunächst natürlich als «babyhaft und beschissen» abgetan, aber neugierig sind irgendwie doch alle. Und so entschließen sich die Kurzen, die Nacht auf Matratzen im Hobbyraum im Keller zu verbringen. Als am nächsten Morgen alle verschlafen nach oben gestapft kommen, trägt Rainer weite Schlaghosen, ein farbiges Hemd und hat angeklebte Riesenkoteletten. Auch Betti und Paula haben sich in fröhlich-bunte Rüschen-Fummel geworfen, und für die Kinder liegen ebenfalls Sachen von der letzten Siebziger-Jahre-Party bereit. Flokati-Teppich und Lava-Lampe hat Rainer bei seinem Freund Holger ausgeliehen, der ist nämlich ein echter Retro-Fan.

«Hey, Kinder», ruft Rainer über die Lovin'-Spoonful-Mucke auf seinem alten Plattenteller. «Willkommen in 1975! Die Zeit, als ich so alt war wie ihr!» Das Kostümieren und Herumtanzen zu psychedelischer Musik sorgt zuerst überall für gute Laune, aber bald schon wird mehr Action gefordert. «Wie habt ihr euch denn damals die Zeit vertrieben, Onkel Rainer?»

«Wir sind draußen mit unseren Bonanza-Rädern oder Rollschuhen um die Wette gerast!»

«Aber es regnet, können wir nicht fernsehen?»

«Fernsehempfang gab es erst ab Mittag und dann auch nur drei Sender in Schwarzweiß. Ihr dürft nachher 'ne Folge *Catweazle* gucken, das ist sehr lustig. Bis dahin könnt ihr was lesen.»

«Ach, Lesen ist scheiße! Heh, wo ist denn der Laptop? Und wo sind unsere Smartphones und Handheld-Konsolen?»

«Weg, gab es damals alles noch nicht! Aber dahinten liegen meine alten *Yps*-Hefte. Und da drüben ist Playmobil und Lego, das gab's damals schon. Und meinen alten Fischertechnik-Baukasten hab ich gefunden.»

Natürlich haben alle die Siebziger nach drei Stunden Langeweile bis obenhin satt, wenn auch keiner richtig satt ist, denn die coolen Cerealien gab es ja damals auch noch nicht, nur langweilige Cornflakes und pappige Smacks.

«Tja, leider funktioniert das Zeitreisezimmer aber nur einmal im Monat», gesteht Rainer gespielt traurig, «das heißt, bis zum Ende eures Urlaubs bleiben wir in den Siebzigern. Am Wochenende soll's aber schön werden, da können wir in den Safaripark.»

Die Kinder heulen und zetern, und am nächsten Morgen hat Rainer ein Einsehen und erlaubt für ein paar Stunden am Tag Technikspielereien aus der Zukunft. Oberglücklich zappeln die Kinder jetzt vor der Wii herum, daddeln mit ihren Smartphone-Apps und glotzen im TV Space-Ninjas, die sich gegenseitig den Grundwortschatz aus der Birne kloppen. Beschweren tut sich vorsichtshalber niemand mehr, aus Angst, dass sie noch einmal ins Zeitreisezimmer zurückmüssen und dann womöglich im Mittelalter landen.

66. Frühreif und clever

Jeder wünscht sich natürlich, dass seine Nachkommenschaft als Baby nicht aus dem Doofheitsbaum gefallen ist. Intelligenz sorgt zwar nicht automatisch für ein glücklicheres Leben, aber sie hilft einem wenigstens, zu verstehen, warum man unglücklich ist. Und auch, wenn intelligente Kinder manchmal etwas altklug oder naseweis sind, so wollen wir hier garantiert keine gemeinen Tricks verraten, mit denen man altkluge oder naseweise Kinder unterbuttert und klein hält, weil wir nämlich altkluge und naseweise Kinder sehr schätzen, egal wie unglaublich nervig sie manchmal auch sein mögen. Deshalb geht es in diesem Trick vielmehr um die Akzeptanz des Unvermeidlichen und eine Kanalisierung der kreativen Energien des Kindes, um es stellenweise im Leben etwas leichter zu haben.

Sebastian ist mit seinen 12 Jahren schon ein kleiner Nachwuchs-Oscar-Wilde. Geistreiche Sentenzen und kreative Beleidigungen seiner unmittelbaren Umwelt sind an der Tagesordnung. Manchmal, wenn Basti einen schlechten Tag hat, sind es auch einfach nur lustige Schimpfwort-Neologismen wie «Schnarchmütze», «Onkel Fettbart» oder «Furzgesicht». Und eben diese laut und zuversichtlich ausgesprochenen Titulierungen machen es Bastis Vater Helmut schwer, Freunde und Verwandte einzuladen oder Sohnemann mit auf Familienfeiern zu nehmen. Vor allem, weil Basti Familienfeiern wirklich abgrundtief verabscheut und aus seiner Abscheu niemals einen Hehl macht, gab es da hin und wieder schon sehr unschöne Konfrontationen. Doch dank einer guten Idee Helmuts, die auch ohne weiteres von Sebastian selbst hätte stammen können, kam es eines Tages dann doch zum positiven Durchbruch im Familienfeier-Segment.

Der Trick: Frei aus dem Bauch heraus

Von Helmut (47), Geographie-Lehrer, für seinen Sohn Sebastian (12)

Onkel Jürgens 50. Geburtstag steht ins Haus, und Sebastian motzt schon wieder und will da auf keinen Fall hin. «Ich sags dir gleich, ich lass mich von keiner Oma abknutschen, da schmuse ich lieber mit einem feuchten Hund.»

«Das kann wieder mal ein Spaß werden», denkt Helmut deprimiert, die abschätzenden Blicke der Restfamilie bereits im Genick spürend, dort, wo die kleinen Härchen sind, die sich bei Eltern von überselbstbewussten Kindern immer ganz besonders gerne und rasch aufrichten. «Ein Spaß? Hmm», rattert sein Gehirn weiter, und verschafft ihm plötzlich einen Geistesblitz. «Sebastian?», ruft der Papa händereibend. «Komm doch mal bitte her, ich hab da eine Idee!»

Ein paar Wochen später ist es so weit: Sebastian sitzt ganz starr auf dem Schoß seines Vaters vor einem Haufen kirschschnapsgeschwängerter Verwandtschaft, und eine gespannterwartungsvolle Ruhe senkt sich mit der milden Nachmittagssonne über das eichengetäfelte Hinterzimmer im idyllischen bergischen Landgasthof.

«Ja, hallo! Sag mal. Wer bist du denn?»

«Bist du besoffen? Ich bin dein Sohn, du Holzkopf!»

«Hey! Der Holzkopf bist du selbst! Du bist doch nur eine Bauchrednerpuppe!»

«Na gut, jetzt ist es raus. Sebastian lässt sich von mir vertreten. Er hat heute schon was viel Besseres vor als das hier!»

«Ach ja? Was denn?»

«Er übt die langweiligsten Latein-Vokabeln der Welt.»

Der Auftritt wird ein Riesenerfolg, egal wie persönlich Sebastians Beleidigungen und sarkastische Kommentare werden: Von

einer Bauchrednerpuppe lässt man sich gerne alles sagen, egal, ob das nun aus dem Zwerchfell des Bauchredners oder dem Mund der Puppe selbst kommt. So sind alle zufrieden: Sebastian muss mit seiner Meinung und seiner Kreativität nicht hinter dem Berg halten, die Erwachsenen heulen vor lachen, während die «Puppe» sie böse vorführt und entlarvt, und Helmut wird danach von allen Seiten lobend auf die Schultern geklopft. Humor, egal wie zynisch oder ernst gemeint er auch ist, versüßt eben auch die bitterste Kritik-Medizin.

Und wer jetzt mit seinem Nachwuchs einen ähnlichen Auftritt plant: Hier sind noch ein paar der krassesten Gags aus Sebastians Programm, davon darf sich ruhig jeder bedienen:

«Für Onkel Jürgen ist Zeit ja Geld. Wegen seines angegriffenen Herzens hat ihm der Arzt jetzt nur noch ein Jahr gegeben. Onkel Jürgen sagt aber, er schaffts in 'nem halben.»

«Onkel Jürgen ist immer soooo beschäftigt, der hat seine Frau

Hannelore ja zum ersten Mal am Tag seiner silbernen Hochzeit kennengelernt.»

«Das Fest hier kostet Onkel Jürgen ein Vermögen. Er hofft aber, es durch ‹erben› wieder reinzubekommen. Stichwort Pilzpfanne Kurpfälzer Art.»

«Es ist unglaublich, aber Opa Ernst sieht immer noch so aus wie 50! Und zwar 50 sehr hastig aneinandergeklebte ungebügelte Kartoffelsäcke.»

«Für Opa Fritz ist das der schönste Tag seit der Eroberung von Dünkirchen. Nur, dass damals das Essen besser war.»

«Großes Kompliment an Tante Heidelieses Schönheitschirurg: diese wunderbaren Augen! Leider kann man sie nicht mehr sehen, da sie jetzt hinter den Ohren liegen.»

67. Sicherheit muss nicht teuer sein

Anderen Menschen ein No-Name-Produkt schmackhaft zu machen, ist nicht leicht. Wenn etwas keinen klangvollen Namen hat oder wir noch nicht einmal wissen, wie etwas heißt, wird es nicht angerührt. Ausnahmen sind vielleicht One-Night-Stands. Die Werbung ballert uns über Jahre die vermeintlichen Vorzüge der «Name-Produkte» ins Hirn, und irgendwann glauben wir, dass wir mit dem neuen Audi tatsächlich schneller sind als Gott.

Simon (9) fährt keinen Audi, er fährt Skateboard. ABS, ASR, ESP und Airbag kennt er nicht und braucht er nicht. Und Schienbeinschoner schränken seine Bewegungsfreiheit ein. Wie eingeschränkt die sein wird, wenn die Knie erst mal gebrochen sind, davon kann sich Simon noch kein Bild machen. Schienbeinschoner sind voll uncool. Wenn er überhaupt jemals diese Dinger anziehen würde, dann nur von der Marke «ST» (scheißteuer). Im Laden bemerkt seine Mutter Monika, dass direkt neben den Schienbeinschonern der Marke Scheißteuer auch Schienbeinschoner der Marke Normalteuer liegen. Der Verkäufer bestätigt die identische Qualität.

Monika ist nicht bereit, ihren Sommerurlaub für ein bisschen Marken-Kunststoff zu stornieren. Darum schreit Simon herum und schlägt die Türen und so weiter und so fort, er verhält sich «total kindisch», wie Monika sagt. Vielleicht weil er ein Kind ist, Monika? Monika hätte ja damals in ein bisschen Marken-Kunststoff investieren können, das hätte diesen Ausbruch sicher verhütet. Aber «wer es wert ist, auf der Welt zu sein, ist es auch wert, verarscht zu werden», meint sie. Und das wie folgt:

Der Trick: Ich glaub, ich spinne

Von Monika (39), Redakteurin, für ihren Sohn Simon (9)

Monika kauft die Schienbeinschoner der Marke Normalteuer. Sie ist erfahren in Photoshop und zieht ein paar Spiderman-Bilder aus dem Internet. Dann besorgt sie sich für ein paar Cent Aufkleberfolie zum Selbstdrucken. Sie druckt die Spiderman-Bilder auf die Aufkleber und klebt sie auf die Normalteuer-Schienbeinschoner. Fertig. Simon ist total aufgeregt. «Spiderman? Ich wusste gar nicht, dass es die Dinger von Spiderman gibt. Cool!» Simon lässt die Schienbeinschoner sogar an, wenn er ins Bett geht. Und Monika denkt: «Kinder sind doch etwas Wunderbares.»

Anmerkung:

Haben Sie gerade gedacht: «Hey, das funktioniert doch bei allen Markenartikeln. Ich drucke mir die Namen der Marken-

artikel aus und klebe sie aufs No-Name-Produkt.» Gut, niemand möchte Sie in Ihrem Enthusiasmus bremsen. Bestimmt funktioniert das auch mit Hemden und Jeanshosen, denen Sie anderswo abgetrennte Marken-Etiketten einnähen. Ganz bestimmt sogar. Aber wenn Sie ein paar Audi-Ringe auf einen Skoda kleben, vertrauen Sie nicht zu sehr darauf, dass Ihr Mann Ihnen «vor Freude» um den Hals fällt. Und, liebe Männer, Sie sollten bitte auch nicht glauben, Ihre Frau wäre Ihnen über Jahre dankbar, weil Sie den Ring aus dem Kaugummiautomaten in ein Cartier-Kästchen gepackt haben.

68. Verwöhnt

«Wir hatten ja nichts, damals. Wirklich, überhaupt gar nichts. Aber das, was wir hatten, ja, ja, das war schon was, das war größer, schöner und dicker als heute. Und aus Holz!»

So, oder so ähnlich hörten sich die Beschreibungen der Großeltern von Irene an, wenn sie von der Zeit zwischen den beiden Weltkriegen erzählten. «Vor allem», so berichtete ihre Großmutter immer, «gab es eines nicht: Pädagogik. Aber erzogen wurden wir trotzdem. Und wie! Du weißt ja, Irene, ich habe an Weihnachten Geburtstag. Das fand ich immer ziemlich blöd, weil es dann für mich nur ein einziges Geschenk gab. Und so hab ich mich einmal bei meinen Eltern darüber heftig beschwert. Sie haben mir dann versprochen, dass ich beim nächsten Mal zwei Geschenke bekomme. Und so war es auch. Ich bekam ein Paar Hausschuhe. Den linken Hausschuh morgens zum Geburtstag und den rechten abends zu Weihnachten. Eine schöne Sauerei war das.»

«Ein einziges Geschenk zu Weihnachten und zum Geburtstag ...», Irene lächelt immer noch, wenn sie an die Erzählungen ihrer Oma denkt. «Ich wäre ja schon froh, wenn Sven nicht jedes Mal zwanzig Geschenke fordern würde. Aber dieses Mal bekommt er nicht alles, was er will, das weiß ich auf jeden Fall!»

Der Trick: Mehr Schein als Sein

Von Irene (40), Verwaltungsangestellte, für ihren Sohn Sven (6)

Sven reißt am Weihnachtsabend ein Geschenk auf, guckt kurz, was es ist, nickt zufrieden und reißt dann das nächste auf. «Er macht das genauso wie ein Verwaltungsangestellter bei einer Bestandskontrolle», denkt Irene. «Wenn ein Geschenk fehlt, ist das so, als ob er keinen Haken auf seiner Liste machen kann. Das letzte Jahr war er deshalb total wütend und das Weihnachtsfest ein Drama.» Darüber hat Irene mit ihrem Sohn gesprochen und ihm klargemacht, dass diese Konsumgeilheit nicht in Ordnung sei. Aber was soll man machen, wenn die anderen Kinder immer so viel bekommen? Irgendwie muss sie ihren Sohn beruhigen, damit er vor den anderen bestehen kann. Und so guckte Irene im Internet nach Svens teuerstem Geschenkwunsch, ein Feuerwehrauto für über achtzig Euro. Dann zog sie das Bild im PC groß, druckte es aus, schrieb «Gutschein» drauf und packte es ein. Als Sven am Heiligen Abend das Auto erblickt, ist in seinem Kopf zunächst einmal der Haken dran. «Das Auto bekommst du im Februar zum Geburtstag, versprochen! Du kannst dir das Foto in dein Zimmer hängen und jeden Tag angucken, und du weißt dann immer, super, das bekomme ich bald.» Sven beschwert sich nicht, und Irene hat den Trick bei sich als gelungen abgehakt.

Ein schöner Trick, ja, aber die heimtückische Irene führt

noch etwas anderes im Schilde: Sven will wie alle Kinder ständig etwas Neues. Wenn er bis zum Geburtstag kein Feuerwehrauto mehr haben möchte, sondern etwas anderes, spart sie über achtzig Euro für ein Auto, mit dem ihr Sohn dann nicht einmal zwei Monate gespielt hätte. Liebe Irene, wenn der Einzelhandel von deinem Trick erfährt, dann gibt's aber richtig Ärger. Mach dich schon mal auf Schadensersatzklagen der Wirtschaft und der Regierung wegen «Inlandskonsumnachfragedrosselungsterrorismus» gefasst. Aber gut, von uns erfährt es niemand. Ehrlich!

69. Ab ins Bett

Tim humpelt die Treppe herunter. Er möchte mal wieder nicht oben in seinem Schlafzimmer bleiben und dort das tun, was vierjährige Kinder um halb neun abends tun sollten: schlafen. Warum auch, die Nacht ist noch jung, das Leben kurz, lasst uns Party machen! Oder wenigstens die Mama nerven. «Warum bist du nicht im Bett?», fragt Elisa etwas verstimmt. Sie kennt das Spiel, das Tim ihr jeden Abend aufzwingt. Er möchte so lange wie möglich aufbleiben, mit Ausreden, die so blöde wie möglich klingen. «Mein linker Fuß tut weh», stöhnt der Kleine mit einer Stimme, die jedem sterbenden Cowboy in einem Western zur Ehre gereichen würde. Fehlt nur noch, dass er sagt: «Mein linker Fuß tut weh. Geht, lasst mich hier liegen, reitet allein weiter, dann könnt ihr es schaffen, John!»

Darum schaut Elisa den kleinen Schauspieler auch nur mit gespielt besorgter Miene an: «Dann geh hoch in dein Zimmer und puste auf den schmerzenden Fuß, ja? Dann geht's dir wieder besser.»

«Ja? Ich will aber ...»

«Nein, Tim, geh bitte hoch und puste.»

Kaum ist Tim oben, kommt er die Treppe auch schon wieder herunter. Dabei vergisst der große Mime zwar das Hinken nicht, fragt aber: «Welcher ist mein linker?»

«Aha, wenn du nicht weißt, welches dein linker Fuß ist, dann weißt du ja auch nicht, welcher weh tut. Und dann tut auch keiner weh», stellt Elisa mit mütterlicher Logik fest.

«Nee, ja, äh ... gut, äh ... geht wohl auch schon wieder besser, ähhh.»

Ein kleiner Texthänger, Tim? Das passiert den Größten. Tim geht wieder hinauf, hinkt aber immer noch (Method Acting?). Oben angekommen ruft er: «Ich hab Durst, ich will noch eine Milch trinken.»

«Nein, das hast du schon, schlaf jetzt!»

«Aber wenn ich verdurste?»

«Du verdurstest nicht!»

«Aber du bleibst unten in der Küche, ja?»

«Ja, ja, ja, mache ich.»

Elisa muss jetzt in der kleinen unbequemen Küche sitzen bleiben, weil Tim ohne die Gewissheit, dass sie in der Nähe ist, und ohne den Sound «Mutti in der Küche» nicht so gut einschlafen kann. So weit, so normal. Sie hat das auch schon oft genug hinter sich gebracht, heute wartet aber noch eine Menge Arbeit am Computer auf sie, und der steht im Wohnzimmer. Wenn Tim aber keine Geräusche hört, kommt er wieder herunter und leidet dann wahrscheinlich an Bauchschmerzen oder sogar an einem Bauchschuss. Also lässt sich Elisa etwas einfallen.

Der Trick: Aufnahmefähig

Von Elisa (41), Angestellte, für ihren Sohn Tim (4)

Elisa drückt bei ihrem Smartphone die Aufnahmetaste und nimmt alles auf, was sie in der Küche gerade so macht. Sie raschelt mit der Zeitung, räumt Töpfe von links nach rechts, setzt sich hin, steht wieder auf und so weiter. Diese Aufnahme spielt sie ab, drückt auf Wiederholung und schleicht sich ins Wohnzimmer. Erst später hat Elisa bemerkt, dass ein leises «Aua, Mist!» auf dem Band zu hören ist, das sie unterdrückt ausgestoßen haben muss, als sie gegen das Tischbein stieß. Tim hat davon nichts mitbekommen, ist eingeschlafen, und Elisa konnte arbeiten.

Wären die Rollen vertauscht, hätte Elisa eigentlich zu Tim hochgehen müssen: «Aua, mein Fuß tut weh, puste, ich will eine Milch, ich verdurste!» Aber mit dieser kleinen Rache wartet sie noch, bis Tim erwachsen ist und sie eine Oma: «Dann mache ich mal einen auf senil und nerve den Kurzen, darauf freue ich mich jetzt schon!»

Nachtrag:

«Wäre Tim hinter den Trick gekommen und hätte das Aufnahmegerät gesehen, wäre das schon ein ordentlicher Vertrauensverlust», meint Elisa. «Aber ich habe mich darauf eingestellt. Ich hätte einfach gesagt: ‹Ach so das Handy, das hat ohne mein Wissen was aufgenommen und abgespielt, du weißt doch, wie wenig Ahnung ich von Technik habe. Das muss passiert sein, als ich ganz kurz zur Toilette gegangen bin.›» Bisher hat Tim den kleinen Audio-Trick nicht geschnallt, und Elisa überlegt, ob sie den Soundtrack «Mutti in der Küche» nicht als Podcast für verzweifelte Mütter anbieten sollte.

70. Die Morgenroutine

Peking

4.30 Uhr: «起床, Qichuáng!!!», hallt es in Peking durchs Kinderzimmer. «Aufstehen!!!»
Li (5) springt aus dem Bett und geht zügig ins Bad. Sie wäscht sich, putzt sich die Zähne und putzt anschließend das Badezimmer.

4.45 Uhr: Li beginnt mit der Morgengymnastik, chinesische Zirkus-Artistik und ein Fünfkilometerlauf, barfuß.

5.00 Uhr: Li übt die Trillervariation aus Beethovens Klaviersonate op. 109. Paralleles Fremdsprachentraining in Englisch, Japanisch, Spanisch und Arabisch.

6.00 Uhr: Lis Mama entscheidet, ob das Üben erfolgreich war und sie Frühstück bekommt.

6.05 Uhr: Ein guter Morgen. Li bekommt Frühstück und muss nicht die Wohnung putzen, sondern nur wie immer beim Frühstück Textaufgaben lösen.

6.30 Uhr: Li fährt mit dem Fahrrad die zwölf Kilometer zur Schule und trägt nebenbei im Wohnblock die Zeitungen aus (150 000 Exemplare).

Berlin

4.30 Uhr: Alles schläft.

4.45 Uhr: Immer noch.

5.00 Uhr: Immer noch.

6.00 Uhr: Immer noch.

6.05 Uhr: Immer noch.

6.30 Uhr: Immer noch.

7.00 Uhr: Peter weckt seine Tochter Clara (5). Es passiert erst mal gar nichts.

7.05 Uhr: Clara spielt mit ihrer Puppe. Peter fordert Clara auf, jetzt bitte aufzustehen.

7.15 Uhr: Clara steht kurz auf, klettert dann aber wieder ins Bett.

7.30 Uhr: Peter sagt Clara, sie solle sich bitte im Bad waschen und Zähne putzen.

7.35 Uhr: Peter wäscht Clara im Bad und putzt ihr die Zähne.

7.45 Uhr: Peter möchte Clara anziehen, die weigert sich und springt wieder ins Bett.

7.50 Uhr: Peter und seine Frau Miriam versuchen gemeinsam, Clara anzuziehen. Clara schreit und versteckt sich unterm Bett.

7.55 Uhr: Peter muss dringend zur Arbeit und Clara vorher noch in den Kindergarten bringen. Clara schreit, sie möchte heute kein Kleid und keine Hose anziehen, sondern irgendwas dazwischen.

8.00 Uhr: Peter kann nicht schon wieder zu spät zur Arbeit kommen. Er hat jetzt schon einen höheren Puls als beim Joggen. Clara springt wieder ins Bett.

8.10 Uhr: Peter wirft Miriam vor, ihr Kind nicht erzogen zu haben. Miriam wirft Peter vor, dass er ihr Vorwürfe macht.

8.11 Uhr: Miriam wirft Peter vor, seine Tochter nicht im Griff zu haben.

8.12 Uhr: Peter wirft Miriam vor, sie sei chaotisch und unpünktlich.

8.13 Uhr: Miriam geht heute überpünktlich zur Arbeit.

8.15 Uhr: Peter überlegt ...

Der Trick: Pyjama-Party

Von Peter (37), Ingenieur, für seine Tochter Clara (5)

8.16 Uhr: Peter nimmt Claras Hose, Kleid, Schuhe, Pulli und Jacke, stopft alles in eine Plastiktüte, nimmt Clara auf den Arm, verfrachtet sie ins Auto und fährt mit ihr zum Kindergarten.

8.30 Uhr: Als Peter mit Clara im Schlafanzug dort ankommt und Clara die anderen angezogenen Kinder sieht, zieht sie im Auto schnell ihre Sachen an und läuft brav in den Kindergarten.

Der nächste Tag:

7.30 Uhr: Clara steht angezogen in ihrem Zimmer.

71. Ab in die Schule

Jeden Morgen versucht Ferdinand, seinen achtjährigen Sohn Kilian, den größten Trödler unter Gottes weitem Himmel, mit gutgemeinten Volksweisheiten in die Gänge zu bringen: «Morgenstund' hat Gold im Mund. Früher Vogel fängt den Wurm. Wer zu spät kommt, den bestraft das Leben. Trödeln am Morgen bringt Kummer und Sorgen. Schlafende Hunde soll man wecken. Auch ein blindes Huhn findet mal einen Wecker. Gut Ding will Eile haben. Reden ist Silber, Rennen ist Gold. Wer zu spät kommt, auf den scheißt immer der dickste Teufel!»

Hat's geholfen? Nein.

«Gut», sagt Ferdinand, «vielleicht irre ich mich ja, und deine Art, zu trödeln, ist besser als meine Art, pünktlich zu sein. Ich bin da jetzt mal ganz offen, und wir machen es ab jetzt auf deine Art, ja?»

«Ja, äh ... was heißt das?», fragt Kilian unsicher.

«Das wirst du schon sehen, mein Sohn, das wirst du schon sehen!»

Der Trick: Der Morgenmantel

Von Ferdinand (53), Schauspieler/Sprecher, für seinen Sohn Kilian (8)

An diesem Morgen trödelt Ferdinand genauso herum wie Kilian. Ferdinand sitzt im Schlafanzug am Küchentisch, trinkt gemütlich seinen Kaffee und liest auf seinem Laptop im Internet die Zeitung. Kilian merkt schnell, dass seine gewohnte Welt aus den Fugen geraten ist, und das macht ihn unsicher. Wie soll er sich jetzt beim Anziehen sträuben, wenn ihn keiner antreibt? Wieso sitzt Papa da noch rum und liest, anstatt ihn ins Bad zu schubsen? Und wieso trägt dieser ihm jetzt beinah fremd vorkommende Mensch noch immer einen Schlafanzug? Um diese Zeit! Nach einer halben Stunde erfasst Kilian eine seltsame Morgendynamik, und er steht gestriegelt und gespornt in der Küche: «Es ist schon fünf vor halb acht, Papa.»

«Richtig», sagt Ferdinand, ohne von seinem Laptop aufzublicken.

«Ja, aber um acht muss ich da sein.»

«Tatsächlich, ja? Ach, das schaffen wir, oder?» Ferdinand ist heute bereit, alles aufs Spiel zu setzen: «Später Vogel fängt den Wurm, mein Sohn.»

Kilian hingegen wird nervös: «Du musst dich noch anziehen.»

«Ach, Quatsch, das passt schon.»

Kilian holt seine Tasche, kehrt zurück und steht wieder in der Tür: «Aber jetzt musst du dich anziehen, jetzt müssen wir aber gehen, sonst komm ich zu spät zur ersten Stunde.»

Ferdinand steht auf, zieht seinen Morgenmantel an und geht zur Tür.

«Was machst du?», Kilian starrt auf den Morgenmantel.

«Dich zur Schule bringen.»

«SO?» Kilian erschrickt bei dem Gedanken.

«Ja, wieso? Ich habe keine Zeit mehr, mich anzuziehen.»

Ferdinand schaut an sich herunter, ein handgroßer Kaffeefleck schmückt seinen Morgenmantel. Das hätte ihn beinah zum Lachen gebracht und seinen Trick damit verdorben, aber Ferdinand bleibt standhaft.

Die beiden steigen ins Auto und geben zumindest optisch ein harmonisches Paar ab. Denn Ferdinands hellroter Morgenmantel passt prima zu Kilians schamroter Gesichtsfarbe. Als Ferdinand vor der Schule aussteigen will, fleht Kilian: «Es ist ja gut, ich weiß, was du willst, ich bin jetzt wieder pünktlich, Papa, bleib bitte im Wagen, bitte!»

«Na gut, wenn du willst, deine Entscheidung. Aber merk dir: Wenn du wieder trödelst, gehe ich das nächste Mal nackt zum Elternsprechtag!»

72. Lebensgefährlicher Berufswunsch

Bisher hat sich Tanja über die Zukunft ihres Sohnes Roman nie große Sorgen gemacht. Zu sprunghaft und unvorhersehbar waren seine bisherigen Wünsche. Ein paar ganz schlimme wie Trickbetrüger oder Bachelor im Fernsehen konnte sie ihm selbst wieder ausreden, einige andere wie Löwenbändiger oder Zauberclown wurden schnell durch noch aufregendere oder exotischere Wahlen wie Weltraumfeuerwehrmann oder Vampir ersetzt, und wiederum andere klassische wie Popstar verloren schon bald an Reiz, weil es da zu viel Konkurrenz gab. Doch jetzt hat sich Roman an einer Idee festgebissen, die Tanja ganz schön zu schaffen macht.

Seit ihr Früchtchen bei einer dieser Kinderkanal-Wissenschaftsshows gehört hat, dass in Hollywoodfilmen alle Schauspieler die gefährlichen Sachen niemals selber machen, sondern dabei von sogenannten Stuntmen gedoubelt werden, will er genau das werden. Jetzt hat Roman schon seit zwei Monaten diesen Stuntman-Bug, wie Tanja ihn nennt, und übt zu Hause kräftig: mit todesverachtenden Sprüngen aus dem Kirschbaum oder vom Dach des Fahrradhäuschens, mit Kickboard-Stunts auf stark befahrener Vorstadtstraße und mit Einfach-mal-die-Wendeltreppe-aus-dem-ersten-Stock-Herunterpurzeln – bisher glücklicherweise ohne Knochenbrüche oder sonstige nennenswerte Verstümmelungen. Aber die Tatsache, dass er noch nicht im Krankenhaus gelandet ist, macht es nur noch schlimmer für Tanja, scheint Roman als Stuntman doch eindeutig Talent zu besitzen.

Der Trick: Lügen haben keine Beine

Von Tanja (44), Graphikerin, für ihren Sohn Roman (9)

Dann kommt Tanja auf die Idee, Ewald, einen alten Schulfreund ihres Vaters einzuladen. Am Telefon setzt sie ihm den augenblicklichen Sachverhalt auseinander und bittet ihn, ihr bei einer kleinen Scharade behilflich zu sein. Da Onkel Ewald glücklicherweise Humor besitzt, erklärt er sich einverstanden. Es folgt die Vorbereitung: «Roman! Es gibt tolle Neuigkeiten. Dein Onkel Ewald kommt zu Besuch! Du kennst ihn wahrscheinlich nicht, aber rat mal, was er von Beruf ist!»

«Stuntman!», brüllt Roman sofort aufgeregt.

«Nein», sagt Tanja, «er unterrichtet Geschichte an einer Realschule.»

«Oh, na toll!», stöhnt Roman enttäuscht.

«Aber er war *früher* mal Stuntman!», lässt Tanja jetzt die erstunkene Katze aus dem erlogenen Sack.

«Echt? Wie scheißegeil ist das denn?», brüllt Roman.

«So scheißegeil wie deine Ausdrucksweise mit neun Jahren», denkt Tanja stoisch, reibt sich aber schon mal in Gedanken die Hände.

Am nächsten Wochenende ist es endlich so weit. Roman hat sich sogar regelrecht in Schale geworfen (oder sagen wir lieber, er hat seine übliche Schale nicht durch Treppensalti oder Schlammrobben verschlissen und verschmutzt). Als Onkel Ewald dann allerdings mit einem fröhlichen «Hallo, alle miteinander» in der Diele steht, runzelt Roman die Stirn und zupft Tanja am Hemd. «Mama? Warum geht der Mann auf Krücken?»

«Oh, hab ich vergessen, dir das zu sagen? Onkel Ewald hat damals bei einem gefährlichen Stunt beide Beine verloren. Deshalb ist er doch heute Lehrer!»

«Das stimmt!», lacht Onkel Ewald schallend und klopft mit einer Krücke erst gegen sein linkes, dann gegen sein rechtes Bein. «Und verglichen mit den meisten anderen Stuntmen, die ich kenne, bin ich sogar noch verhältnismäßig gut dabei weggekommen», erzählt er, während er behände auf den schockierten Roman zuhüpft und ihm einen Arm auf die Schultern legt. «Die schrecklichsten Unfälle kann ich dir ja gleich mal alle erzählen. So was interessiert Jungs doch immer! Komm mit. Tanja, eine große Kanne Kaffee bitte!»

Ewald krückt voran ins Wohnzimmer, gefolgt von Roman, der sich noch mal hilfesuchend zu seiner Mama umdreht.

Innerlich verspürt Tanja natürlich Mitleid. Sie selbst war ja auch alles andere als begeistert, als ihr Vater ihr den beinlosen Onkel Ewald damals, nachdem er sie beim Rauchen erwischt hatte, als Kettenraucher vorstellte. Ist das Ganze also ein sehr makabrer Missbrauch von Körperbehinderten? Nun ja, makaber ist es schon, aber körperbehindert ist Onkel Ewald eigentlich nicht. Seine Beine sind beide noch vollkommen intakt. Nur zwei Plastikschienbeinschoner vom Eishockey hat er sich vor die Unterschenkel gebunden, damit es schön künstlich klingt, wenn er dagegenklopft. Jedenfalls ist Roman jetzt erst mal kuriert und will statt Stuntman später lieber den laut Onkel Ewalds brutal spannenden Geschichten gefährlichsten Job der Welt machen: Lehrer!

73. Einschlafen, los!

Was machen Eltern heutzutage alles, damit ihre Kinder einschlafen: summen, singen, Märchen erzählen, Kinder-Yoga, Einschlafspiele, meditieren, massieren, Handstand, Kopfstand ... Und wenn die Eltern dann erschöpft auf dem Boden eingeschlafen sind, brüllen die Kinder putzmunter aus dem Bett: «Noch mal!»

Früher, ja früher, also richtig früher, nach'm Kriech[13], das waren ja ganz andere Zeiten. Früher, so wurde uns überliefert, hat der strenge Vater ein einziges Mal gesagt: «Um acht Uhr hängt die Hose kalt am Bett!»[14] Und dann mussten die Kinder

13 Das ist die korrekte Aussprache.

14 Dieser Schlafbefehl ist nicht in jeder Region Deutschlands bekannt.

schon überlegen: Wie hoch ist die eigene Körpertemperatur? Wie hoch die Raumtemperatur? Muss ich um halb acht oder erst um viertel vor acht zu Bett, damit die Hose pünktlich kalt ist? Spätestens um acht war immer Ruhe im Karton. Nur in pädagogischen und christlichen Haushalten gab es Einschlafhilfen wie Märchen oder Singen. In pädagogischen Haushalten wurden die Gutenachtgeschichten leider oft nicht bis zum glücklichen Ende erzählt «... und dann fraß der böse Wolf alle Geißlein ... so jetzt schlaf!» In den christlichen Haushalten wurde leider oft bis zum bitteren Ende gesungen «... morgen früh, wenn Gott will, wirst du wieder geweckt, morgen früh, wenn Gott will, wirst du wiehiehieder geweckt.»

«Und wenn er nicht will?»

«Dann eben nicht, schlaf jetzt!»

Der Trick: Quasselnde Kissen

Von Muriel (34), Einzelhändlerin, für ihren Sohn Frederic (4) und ihre Tochter Maria (6)

Dieser kurze Rückblick war notwendig, um den Trick von Muriel historisch richtig einordnen zu können. Damit ihre beiden Kinder leichter in den wohlverdienten Schlaf sinken, erzählt Muriel ihnen: «Kopfkissen können fliegen und erleben tagsüber die tollsten Geschichten. Ihr müsst die Köpfe ganz doll in das Kopfkissen drücken und ganz genau hinhören. Wenn ihr die Ohren spitzt, könnt ihr die Geschichten hören.»

Während Frederic beim angestrengten Zuhören sofort eindöst, klappt es bei Maria nicht ganz so gut. «Ich hör aber nichts», klagt sie. «Gut, dann erzähle ich dir eine Geschichte, die mein Kopfkissen erlebt hat.» Und so erzählt Muriel die Geschichte, wie ihr

Kopfkissen über die Stadt flog und in einem Elsternest einen silbern glänzenden Schatz fand. Das Kopfkissen war so scharf auf diesen Schatz, dass es den Elstern dafür seinen Mantel, also den Kopfkissenbezug, im Tausch anbot. «Wo das Kopfkissen diesen Schatz vergraben hat, wissen wir nicht. Aber wir wissen jetzt, warum wir manchmal zu wenig Kopfkissenbezüge im Wäscheschrank haben.»

An dieser Stelle ist Maria immer noch hellwach, und so erzählt Muriel weiter: «Kopfkissenbezüge wasche ich immer mit Weichspüler. Danach hänge ich sie auf die Wäscheleine, schön straff, damit sie nicht zu sehr einknicken. Ich mag es nicht, wenn sie einknicken, dann werden sie so schrumpelig, und dann muss ich wieder so viel bügeln. Obwohl ich ja meistens nicht bügeln muss. Das ist ja eigentlich sowieso Quatsch, das hat meine Mutter immer gemacht, die Bettwäsche gebügelt, aber meiner Meinung nach muss man das heutzutage nicht mehr machen, die Bettwäsche bügeln, ich meine, klar, das kann jeder so machen, wie er will, ich meine nur, wo liegt der Sinn darin, Bettwäsche zu bügeln? Die zerknüllt ja sofort wieder, wenn man sich reinlegt. Gut, soll meine Mutter das ruhig machen, aber ich ...» Und da schlief Maria tief und fest.

Muriels Bettwäschegeschichte ist fürs Einschlafen ideal. Als Film wäre sie nicht gerade der Tipp des Tages:

Witz	Action	Spannung	Anspruch
☆☆☆☆☆	☆☆☆☆☆	★☆☆☆☆	☆☆☆☆☆

74. TV-Alarm

«Fernsehen macht blöd.»

«Ja, aber du hast doch in deinem Leben schon mehr Fernsehen geguckt als ich», meint Finn (12).

In diesem Moment kann man Karoline bis auf die Mandeln sehen, so weit geöffnet ist ihr Mund, und sie denkt: «Da versucht man diesen kleinen Scheißer zu einem selbstbewussten Jungen zu erziehen, und dann wird er es auch noch. Mist! Was jetzt?» Blitzschnell, also ungefähr zehn Sekunden später, kommt auch schon die pädagogisch ausgefeilte und treffsichere Retourkutsche: «Ja, äh ... sei nicht so frech, duuu, echt!»[15]

Finn lenkt seine Aufmerksamkeit wieder auf den Fernseher. Er guckt eine seiner Lieblingsserien, *South Park*. Im Wechsel mit *Family Guy*, *American Dad* und den *Simpsons*. Er liebt die sarkastischen Witze, aber noch mehr liebt er die Kacka- und Pimmelgags. Ein ganz normaler Junge also. Juchhu, ein normaler Junge! Nein, kein Juchhu. Denn Karoline hat das nach Finns Meinung irrwitzige Ziel, ihn mit einem Abitur zu versorgen. Und um dieses Ziel zu erreichen, um ihn endlich zum Lernen von Englischvokabeln zu bewegen, schließlich ist morgen der Test, greift Karoline zu einer List.

15 Der VHS-Kurs «Schlagfertigkeit für Mütter» war wohl schon ausgebucht, oder Karoline?

Der Trick: Der Strom des Lebens

Von Karoline (39), Verkäuferin, für ihren Sohn Finn (12)

Karoline geht zum Sicherungskasten und schaltet alle Sicherungen aus, bis auf die für die Küche. Sie greift sich den Hörer ihres Handys und tut so, als ob sie mit den Stadtwerken telefonieren würde. Sofort kommt Finn: «Was'n los? Ist die Sicherung raus?»

«Psst», sagt Karoline, «die Stadtwerke sind dran, wegen des Stroms.» Karoline hört ihrem angeblichen Gesprächspartner konzentriert zu und nickt mit einer in ihrem Mienenspiel erkennbaren sich fortwährend steigernden Sorge. Finn guckt so gespannt wie beim Finale eines Thrillers. Wie geht es aus? Was kann diesen Stromausfall ausgelöst haben? Karoline geht mit dem Handy umher und nickt: «Aha, Kabelarbeiten in der Straße. Hmmm ... aha ... hmmm. Ja, wie lange noch?» Finn schaut noch angespannter. Karoline: «Oh, morgen erst wieder? Das ist aber schlimm.[16] Okay, dann vielen Dank.»

Finn ist sauer: «Scheiß Stadtwerke!»

«Na ja», sagt Karoline, «dann kannst du ja jetzt ein bisschen Englisch lernen, oder?»

«Hmm», knurrt Finn, «ja, mal gucken.» Und tatsächlich hat Finn später gelernt.

Einen Stromausfall vorzutäuschen, ist vielleicht nicht jedermanns oder jederfraus Sache, aber es ist immerhin ein kostengünstiger, um nicht zu sagen kostensparender Erziehungstrick.

16 Der VHS-Kurs «Schauspielunterricht für Mütter» war wohl noch frei, bravo Karoline!

75. Der Geist der Weihnacht 1

«Meiner Tochter habe ich sofort erklärt, dass es das Christkind nicht gibt. Ich will nicht, dass Elisabeth mit diesem christlichen Konsummythos aufwächst.» Eine klare Aussage von Elke. Als Redakteurin eines Anzeigenblattes findet sie es «gendermäßig» genauso wichtig, ihre vierjährige Tochter von rosa Prinzessinnen fernzuhalten und ihr stattdessen Autos zu schenken, weil sie die «geschlechtsspezifischen Erziehungsmodelle» für überholt hält.

Es soll hier aber nicht um Elke gehen, sondern um ihre Freundin Alexandra, die eine diametrale Haltung vertritt, aber trotzdem mit Elke befreundet ist. Zwei Frauen mit verschiedenen Meinungen sind befreundet. So etwas ist möglich in unserem mythischen und mystischen Kosmos Mensch, in dem «Realität» immer nur Ansichtssache sein kann.

Alexandra möchte gern, dass ihre Töchter Mia (6) und Johanna (4) in die Welt der Phantasie flüchten können, und fördert den Glauben ans Christkind. Dieser Glaube geriet aber letztes Jahr an Heiligabend ins Wanken. Mia teilte ihrer Schwester in verschwörerischem Ton mit: «Mutti geht am Heiligen Abend nie mit uns in die Kirche. Papi geht mit uns, obwohl Papi den Rest des Jahres nie in die Kirche geht. Und am Heiligen Abend kriegen wir Geschenke. Mutti muss das Christkind kennen, oder Mutti macht was mit den Geschenken.» Das belauschte Alexandra und überlegte, ob sie den Kindern die Wahrheit sagen sollte oder nicht. Alexandras Mann Lars war dafür, die Wahrheit zu sagen. Er sei sowieso sehr gespannt, sagte er, wie Alexandra Mias scharfem Verstand demnächst die unbefleckte Empfängnis erklären wolle. Aber Alexandra fiel ein Trick ein, und im nächsten Jahr war es dann so weit.

Der Trick: Christkind im Brautkleid

Von Alexandra (34), Angestellte, für ihre Kinder Mia (6) und Johanna (4)

Am Tag vor Heiligabend geht Alexandra zu ihrer Nachbarin Susa und stimmt die Uhrzeiten für den nächsten Abend ab. «Wir gehen um halb sechs zur Christmette, dann kannst du rein, so um sieben kommen wir wieder.»

«Alles klar, kein Problem, mach dir keine Sorgen, das klappt schon», meint Susa zuversichtlich.

An Heiligabend um 18 Uhr 30 schleicht sich Susa ins Haus von Alexandra und geht die Treppe hinauf ins Elternschlafzimmer. Dort schiebt sie die Schranktür beiseite und holt das Hochzeitskleid von Alexandra hervor. Unter dem Bett findet sie wie abgesprochen ein langes Seil. «Ach ja», fällt Susa da ein, «zuerst die Geschenke!» Wie von Alexandra beschrieben, liegen die Geschenke hinter dem Wäschekorb neben dem Schrank. Ein gutes Versteck, denn Schmutzwäsche ist nicht gerade das, was Kinder interessiert. Susa schichtet alle Geschenke übereinander und trägt den ganzen Schwung ein Stockwerk tiefer bis unter den Weihnachtsbaum. Sie schaltet die Weihnachtsbaumbeleuchtung ein, geht wieder hinauf, ja, der Job ist anstrengend, und setzt sich im Schlafzimmer aufs Bett neben das Brautkleid. In Gedanken geht Susa noch mal ihre eigene Hochzeit durch. «Ich hätte auch in Weiß heiraten sollen. Aber was macht man dann mit dem sauteuren Kleid? Nein, eigentlich ...», da fällt ihr Blick auf die Uhr: «Mist, schon sieben!»

Eilig knüpft sie das Seil an das Kleid, schaltet das Licht aus, öffnet das Fenster und lässt das Kleid ein Stockwerk hinuntergleiten, bis unter das vom Licht erleuchtete Wohnzimmerfenster. Da sieht sie auch schon, wie Alexandra, Lars und die Kinder die Straße heraufkommen. Als Alexandra, von den Kindern unbemerkt, den Arm hebt, das ist das ausgemachte Zeichen, zieht Susa das Kleid von unten am Schein des Wohnzimmerfensters vorbei und lässt es blitzschnell im Dunkel der Nacht verschwinden. «DADADA, das Christkind! Ich hab's gesehen!», ruft Mia begeistert.

«Ich auch, ich auch, da ist es geflogen!», auch Johanna kriegt sich nicht mehr ein. Die beiden stürmen ins Wohnzimmer wie noch nie. Alle Geschenke liegen unter dem hell erstrahlenden Weihnachtsbaum. Von diesem Tag an haben die beiden noch zwei Jahre lang an das Christkind geglaubt.

76. Der Geist der Weihnacht 2

Unfassbar, zu welchen grandiosen und aufwendigen Lügenkonstrukten manche Eltern fähig sind, wenn sie ihren Kindern noch ein bis zwei Jahre den kindlich-naiv-unschuldigen Glauben an das Christkind bewahren wollen. Abgesehen davon, dass die meisten Eltern damit klare pädagogische Ziele verfolgen (etwa die erhöhte Folgsamkeit des Kindes, wenn man mit dem Ausbleiben von Geschenken drohen kann, für das man nicht selbst verantwortlich ist, sondern der große WONC, sprich Weihnachtsmann/Osterhase/Nikolaus/Christkind), so verhindert ein wenig Glaube an das Übersinnliche oder Phantastische manchmal auch nur ein allzu vorzeitiges Erwachsenwerden des Nachwuchses, was in unserer schnelllebigen und zynischen Zeit keine schlechte Sache ist.

Mit diesem kleinen und schnell durchführbaren Trick haben es die Eltern der Entscheidungsfraktion Weihnachtsmann (zum Beispiel aufgrund eines schönen offenen Kamins im Wohnzimmer) relativ einfach, den Glauben an die Wunder dieser Welt und das kindliche Staunen noch einen Tick länger zu konservieren.

Der Trick: Klingpödchen – Klingelingeling

Von Roland (46), freiberuflicher Autor, für seine Töchter Magalie (7) und Louisa (5)

«Das geht nicht!», schimpft Louisa am Heiligen Abend kurz vor der erhofften Bescherung. «Jedes Mal darf einer von euch beiden unten bleiben und den Weihnachtsmann sehen! Und wir müssen hoch und dürfen ihn nicht sehen. Das ist doch voll gemein!»

«Ja, aber», erklärt Mutter Julia noch einmal verständnisvoll, «ihr wisst doch, dass der Weihnachtsmann nicht kommt, wenn er sich gestört fühlt. Und ihr hört doch hier oben immerhin seine Glocke!»

«Ach ja?» Louisa verengt die Augen zu Eastwood'schen Italowesternschlitzen. «Und wenn einer von euch unten ist, dann fühlt er sich nicht gestört, oder was? Ich wette sogar, *ihr* bimmelt in Wirklichkeit immer die Glocke!»

Alle starren sie mit offenem Mund an, selbst die schon ein paar Jahre ältere und stets um Harmonie besorgte Schwester Magalie. «Egal ob es den Weihnachtsmann jetzt gibt oder nicht», scheint sie zu denken, «aber Louisa treibt hier ein gefährliches Spiel mit *meinen* Weihnachtsgeschenken!»

«Gut», Papa klatscht versöhnlich in die Hände, «die Diskussion haben wir ja jedes Jahr. Ich bin's leid. Gehen wir diesmal eben alle nach oben und warten gemeinsam auf den bärtigen alten Knaben. Los, hopphopp.»

Er scheucht seine Familie die Treppe hinauf, auch seine ihn erstaunt anstarrende Gattin. Dann ruft er den dreien hinterher:

«Ich mach mir nur noch schnell ’nen Kaffee, kann schließlich ’ne lange Nacht werden. Eine seeeeehr lange.»

Fünf Minuten später sitzen alle im ersten Stock und lauschen angespannt. Sie hören dabei nur Papas unangespanntes Kaffeegeschlürfe, aber dann plötzlich «Bimmel bimmel bimmel!», aus dem Wohnzimmer von unten! Die Kinder starren sich eine Sekunde lang mit offenem Mund an, dann springen sie auf und sprinten wie Kugelblitze ins Erdgeschoss. Julia guckt ihren lächelnden Mann an. «Sag mal, sind denn die Geschenke schon unterm Baum?»

«Na klaro, hab ich schnell alle hingelegt, während der Kaffee durchlief.»

«Und wer hat da jetzt gerade geläutet?»

«Na, der Weihnachtsmann!»

«Sag schon, du Flachpfeife!»

«Das, mein Schatz, war mein alter Kumpel iPod. Eine kleine extra angefertigte MP3. Erst 5 Minuten Stille aufgenommen, dann schönstes Glockengeläut. Ja, dieses Jahr war ich endlich mal gut vorbereitet!»

«Mist! Wir haben ihn ganz knapp verpasst!», rufen Magalie und Louisa mit quasi leuchtender Kinderstimme von unten. «Aber kommt schneeell, er hat Geschenke dagelassen!!!»

77. Einfach nur die Treppe hochgehen

«New York, Empire State Building. Der Deutsche Thomas Dold gewinnt zum wiederholten Male den weltbekannten Treppenlauf hinauf auf das über 400 Meter hohe Gebäude und bringt die 1576 Stufen als Erster hinter sich», kommentiert der Fernsehsprecher, während man im Bild einige Läufer die Treppen hinaufrennen sieht. Katharina, die Mutter der zweijährigen Sarah, zeigt begeistert auf den Fernseher: «Guck, guck, guck, Sarah, da, guck, guck, daaaa!» Sarah guckt aber nicht. «Dahaaaa, ein Treppenlauf, Sarah, guck, wie Menschen Treppen *hochlaufen*, das kannst *du* auch!»

Sarah blickt kurz ihre Mutter an, lächelt milde, und wendet sich dann wieder ihrem Lieblingsspielzeug zu, dem Tiersoundgerät. Sie schlägt mit Wucht auf eine Taste, ein Kuhkopf springt hoch und macht: «Muuuh!» Das ist Sarahs Kommentar.

Aber Katharina gibt nicht auf: «Guck, guck doch mal, dahaaa!»

«Muuuh, Muuuh, Muuuuuuuh!»

«Sie macht sich über mich lustig, da bin ich mir sicher», beschwert sich Katharina bei ihren Freundinnen. Seit Wochen ist es ein Drama, mit Sarah in den zweiten Stock zu gelangen. Seitdem Katharina ihr zweites Mädchen Emma bekommen hat, und die kleine Emma auf den Arm kommt, geht Sarah keine Stufe mehr. «Das ist ganz normal», sagen die Freundinnen. «Ich weiß», meint Katharina, «aber von ‹ganz normal› hab ich die Kleine noch nicht oben.»

Das stimmt, denn Sarah will lieber unten bleiben. Und vor allem will sie stehen bleiben und heulen. Das ist eine Eigenart von ihr. Sie heult nur im Stehen. Wenn sie auf der Treppenstufe sitzt, steht sie auf und heult. Das ist das Gegenteil von Standing Ovation. Sarah wird als Erwachsene irgendwann bei einer Aufführung im Publikum sitzen, und wenn ihr die Darbietung missfällt, wird sie aufstehen und heulen, Standing Heulation.

«Dann zieht doch ins Erdgeschoss», findet Dirk, der Kumpel von Katharinas Lebenspartner Ulf. Dirk ist immer für eine idiotische Anmerkung gut. «Genau», grinst Ulf. Ulf ist immer für die Bestätigung einer idiotischen Anmerkung gut.

Katharina schaut Dirk an: «Das geht nicht, Dirk, dann sehe ich dich ja nicht mehr besoffen die Treppen runterfallen. Und das wäre doch zu schade.» Katharina denkt: «Hier braucht es keinen Mann, sondern das Gegenteil: Esprit, Verve und Witz!»[17]

Der Trick: Der Treppenwitz

Katharina (35), Uni-Angestellte, für ihre Tochter Sarah (2)

Witz, genau, das ist es, ein Treppenwitz. Als Katharina mal wieder mit Emma auf dem Arm und einer bereits widerwillig dreinblickenden Sarah vor den zwei Etagen steht, lächelt sie Sarah an: «Pass auf, Sarah, wenn du bis hier vorn auf den Treppenabsatz mitkommst, erzähle ich dir einen Witz, okay?» Sarah nickt, guckt aber noch etwas misstrauisch. Katharina geht mit Emma vor, Sarah stiefelt hinterher. Auf dem ersten von vier Treppenabsätzen angekommen, sagt Katharina: «Ein Witz: Sagt ein Pferd zu einem Mann: ‹Hüahhh! Pffffrrrroff! Hüahhh›!» Sarah grinst zunächst, dann lacht sie. Und weiter geht's zum nächsten Treppenabsatz.

Auf dem zweiten Treppenabsatz, also im ersten Stock, sagt Katharina: «Ein Witz: Kommt ein Ball zu einem Mann und sagt: ‹Du bist ballaballa›.» Den findet sogar Emma lustig. Sarah lacht, dann quiekt sie. Sie erklimmen sofort weitere Stufen.

Katharina will gerade den nächsten Witz erzählen, da sagt Sarah: «Nein, lass mich!» Sarah überlegt kurz, dann sagt sie: «Kommt ein Ball zu Pferd und sagt: ‹Ballüüballüü!›» Da kann

17 Katharina hat *erzählt*, dass sie so etwas dachte. Vielleicht wollte sie auch nur originell sein. Wir können das, wie so vieles, nicht überprüfen. Wie uns vertrauenswürdige Quellen bestätigen, gehören «Verve» und «Esprit» eigentlich nicht zu Katharinas aktivem Wortschatz. Halt, doch, «Esprit» schon. Davon hat sie jede Menge im Schrank (Lagerverkauf Ratingen).

sich auch Katharina nicht mehr halten und lacht los. Sie setzt Emma ab. Sarah wiederholt den Gag immer wieder: «Ballüballüballüüüü!» Alle lachen, als die Tür der Nachbarin aufgeht, eine Freundin von Katharina fragt: «Was ist los?» Sarah: «Ballühballüühh.» Daraufhin quiekt sie sofort los und steckt auch die Nachbarin mit ihrem Lachen an.

Sarah geht die letzten Treppen zur Wohnung hoch und ruft immer lauter: «Ballalüh, Ballalüh, Ballüballüüüh!» Da kommt der alte Herr Kniers heraus und fragt: «Was ist passiert?» Sarah ruft noch lauter: «Ballüüüühhhballühh, das Pferdeball!» Katharina schwitzt jetzt durch das Lachen genauso, also hätte sie beide Kinder und den Einkauf hochgetragen. Aber Sarah hat sich nach oben gelacht und nicht nach oben geheult.

Der Trick hat funktioniert und Katharina erkannt: Menschen kommen aus ihren Wohnungen, wenn plötzlich irgendwo gelacht wird. Wenn geweint wird, rührt sich niemand so schnell.

78. Einfach nur die Tür zuschließen

Wenn Christian zusammen mit seiner Mutter Angela einen Krimi anschaut, macht er sich oft über die Blödheit der Protagonisten lustig: «Ey, da nimmt der Typ sein Geburtsdatum als Code für den Safe, Mudda, zieh dir das rein, warum schreibt der die Kombination nicht gleich an die Wand!?» Als er die nächste Szene sieht, schlägt Christian sich mit der flachen Hand gegen die Stirn und brüllt: «Ey, natürlich klaut der Typ dein Auto, wenn du Honk den Schlüssel stecken lässt, voll der Honk, echt!»

Angela freut sich in diesen Momenten über die Leidenschaft, mit der Christian einen Film verfolgt. Sie weiß, dass sich Informationen, die mit einem starken Gefühl aufgenommen werden, im menschlichen Gehirn festsetzen. Ihrer Meinung nach wird also ihr Sohn Christian diese Informationen aus dem Krimi abspeichern und demnächst, wenn die Denkleistung vollbracht ist, endlich mal die eigene Haustür abschließen. Falsch gedacht, Angela! Informationen in Teenagergehirnen können jahrelang völlig unbeeinflusst von der Außenwelt vor sich hin vegetieren. Dieses Phänomen kennen wir auch von einigen Politikern.

Die Versuche Angelas, Christians Gehirn mit Logik zu martern, verpuffen: «Christian, eine Haustür, die man nur zuzieht, die man aber nicht abschließt, vor allem unsere alte Haustür, Christian, hörst du mir zu? Die kann man ruckzuck mit einer Kreditkarte öffnen. Du weißt das, Christian! Christian! Du hast es auch schon selbst gemacht, als du den Schlüssel vergessen hast, also denk doch mal nach, Christian. Hallo?! Hör zu! Dann können Einbrecher das doch auch, verstehst du?»

Christian: «Jaja, is ja nix passiert, Mudda, chill dein Leben!»

Als eine Woche später in der Nachbarstraße eingebrochen wird, will Angela ihr Leben aber nicht mehr chillen.

19:30 Uhr

Es ist stockfinster. Nur das spärliche Licht der Straßenlaterne fällt auf den Eingang von Angelas Haus. Ein dunkel gekleideter Mann schlendert betont unauffällig die Straße herauf. Er blickt sich kurz um, biegt vom Gehweg ab und geht direkt auf Angelas Haustür zu. Aus seiner Manteltasche zieht er einen kleinen schimmernden Gegenstand, er rüttelt an der Tür und das Schloss springt zurück. Unbemerkt im Halbschatten des Vordaches stehend, schaut er sich noch einmal um und betritt das Haus.

19:35 Uhr

Ein grauer Kombi hält vor dem Haus. Ein Mann, der die Baseballkappe tief ins Gesicht gezogen hat, steigt aus. Er geht auf den

Eingang zu, verschwindet ebenfalls im Haus und kehrt mit einem Fernseher auf dem Arm zurück. Zügig verlädt er weitere Gegenstände aus dem Haus in seinem Kombi. Sein Komplize folgt ihm mit einem PC unter dem Arm. Er zieht die Tür zu, setzt sich in den Kombi, und der Wagen verschwindet in der Dunkelheit.

20:15 Uhr

Christian kommt nach Hause. Er öffnet die Tür und geht hinein.

20:16 Uhr

Ein Schrei dröhnt bis in die Nachbarschaft. «Scheiße, Scheiße, alles is weg, Mamaaa!»

20:30 Uhr

Angela kommt nach Hause und trifft auf ihren deutlich überreizten Sohn: «Ey, die haben meine Playstation, die Schweine, und die Spiele, Scheiße, mein GTA 5 und mein PC und unser Fernseher ist auch weg, und die haben sogar mein Geld gefunden, Scheiße.»

Angela beruhigt ihren Sohn: «Ich werde jetzt gleich die Polizei anrufen. Und fass nichts an, wegen der Spurensicherung.»

«Jaja, weiß ich, ich guck auch Filme, klarklar, geht klar!»

Der Trick: Diebe, Mörder, Polizei

Von Angela (42), Hausfrau, für ihren Sohn Christian (15)

Angela schnappt sich das Telefon und zieht sich in die Küche zurück. Sie lässt sich auf einen Stuhl fallen, atmet tief durch und dann prustet sie los: «Haha, der Kleine, ich lach mich kaputt!» Sie lacht, maßregelt sich, prustet wieder los, kichert, giggelt, beruhigt sich, dröhnt wieder los und immer so weiter. «Bei sich selbst einzubrechen, ist ein Heidenspaß», denkt Angela, «und wenn man auch noch seinen Sohn damit erziehen kann, lohnt es sich doppelt. So kapiert der Kleine endlich einmal, wozu eine Tür gut ist. Den lasse ich jetzt noch ein bisschen schmoren.»

Erst nach einer halben Stunde, in der Christian immer wieder geschimpft und geflucht hat, sagt sie zu ihm: «Ey, natürlich klauen die hier die Sachen, wenn *du Honk* nicht abschließt!»

Worauf Christian entgegnet: «Jaja, is ja gut, hab ich schon kapiert, ich schließe jetzt immer ab.»

«Versprochen?»

«Jaaa, Mudda, jaaaha!»

«Gut, dann kannst du jetzt deine Sachen aus dem Auto holen.»

«Was?»

«Du kannst deine Sachen aus dem Auto holen. Hier der Schlüssel. Ich hab das Auto abgeschlossen, weißt du, damit keiner was klaut.»

Christian hat's immer noch nicht richtig geschnallt: «Heißt, das, *du* warst das?»

«Jetzt hast du es kapiert. Ja, ich war das, zusammen mit deinem Vater.»

Da regt sich Christian tierisch auf. Das könne ja wohl nicht wahr sein, was sie überhaupt für eine Mutter sei, und das sei doch bestimmt verboten, ja, er könne ja jetzt mal die Polizei anrufen, und dann würden wir ja sehen, Einbrechen sei strafbar, egal in welches Haus, und sie habe ihn ja auch noch angelogen ...

Darauf Angela trocken: «Ey, chill dein Leben!»

Nachtrag:

Nach drei Wochen hat Christian die Tür wieder einmal nicht abgeschlossen. Angela überlegt nun, ob sie nicht mal eine Entführung vortäuschen und ihn drei Tage bei Wasser und Brot gefangen halten soll.

79. Internet, netter als Mutti?

Die Geschichten, die uns bei den Computertricks zugetragen werden, handeln oft von Söhnen. Die Töchter gehen bestimmt auch stundenlang ins Internet, aber sie müssen es wohl geschickter anstellen als die Jungs. Und so hat Simone aus Köln das Problem mit ihrem Sohn Emil und nicht mit ihrer Tochter Juliana. Und sie hat noch ein Problem: Sie kann sich überhaupt keine Passwörter merken. Sie favorisiert nach wirkungslosen pädagogischen Gesprächen (es gibt ja auch wirkungsvolle pädagogische Gespräche, keine Frage, das sollten wir uns zwischendurch immer wieder ins Gedächtnis rufen) eine Hightech-Lösung, um der übersteigerten Internetliebe ihres Sohnes Einhalt zu gebieten. Was ihr Sohn Emil ärgerlich mit dem Statement kontert: «Du hättest ja jetzt gar keinen Freund, weil den Sven hast du doch auch übers Internet kennengelernt. Und wieso darf ich dann nicht ins Internet?»

«Du darfst ja, aber eben nicht dauernd.»

«Is' ja nicht dauernd.»

«Doch, schon.»

«Nein.»

«Doch, ich finde doch.»

«Nein.»

«Doch.»

«Nein!»

«Doch!»

«NEIN, und du bist voll blöd und gemein!»

Emil knallt die Tür zu und rennt in sein Zimmer.

Nach so einem Disput versucht Simone, ihrem Emil liebevoll zu erklären, warum ein Zuviel schlecht für ihn ist. Das hat auch gewirkt, leider ließ die Wirkung schnell wieder nach. Die

Gehirnschale eines Jungen in diesem Alter, und vor allem später, wenn er vollständig in der Pubertät angekommen ist, gleicht einem umgedrehten Nudelsieb. Alles läuft heraus, und wir versuchen die Erziehungsnudeln, die dünnen Pädagogik-Spaghetti von oben einzeln durch die Löcher in den Kopf zu stopfen. Meist zerbröseln sie, fast nie schafft man einen ganzen Spaghetto. Aber wir versuchen es weiter und weiter, und manchmal gelingt es! Hier nicht. Darum griff Simone auf die eben erwähnte Hightech-Methode zurück.

Der Trick: Mit erhobenem Zeigefinger

Von Simone (42), Angestellte, für ihren Sohn Emil (11)

Im Angebot eines Discounters findet Simone einen Fingerabdruckscanner. Das ist ein Gerät mit einem Sensor für den Fingerabdruck, der einem Nutzer ermöglicht, den Zugang zum PC ausschließlich über seinen Fingerabdruck zu erlauben. Simone installiert an Emils PC die Software, und schon kann nur noch Simones Finger Emils PC freischalten. «Großartig», denkt Simone, «es funktioniert.»

Endlich kann sie wieder ruhig schlafen, weil sie weiß, dass ihr Sohn nicht nächtelang im Netz unterwegs ist. Tja, besser gesagt, sie *könnte* ruhig schlafen. In einem Bericht über Brasilien hat sie gesehen, wie dort drogensüchtige Straßenräuber den Finger einer Touristin abgeschnitten haben, um an deren Ring zu gelangen. «Ist Emil vielleicht so süchtig, dass er ...? Nein, absurd.» Aber schlecht geschlafen hat sie trotzdem. Emil nicht, in dieser Nacht konnte er ohne Internet ganz wunderbar schlafen. Der Scanner hat also seine Wirkung nicht verfehlt. Technik hilft, Technik zu besiegen.

Nachtrag:

Leider wurde diese familiäre Harmonie durch Emils Freund Ulle zerstört. Ulle («Der Name klingt doch schon wie Ede, der Junge kann nur ein Krimineller werden», meint Simone) brachte ihm auf einem USB-Stick eine Software mit, die den Fingerscan umgehen kann. That's what friends are for.

80. Ein Leben ohne Schnuller

Die Geschichte der Menschheit ist eine Geschichte der Ersatzbefriedigungen. Ein bekanntes Beispiel ist Kaiser Nero. Nero liebte es, nach getaner Diktatorenarbeit auf dem Balkon ein Zigarettchen zu rauchen. Mit Blick auf Neros hohen Blutdruck untersagte sein Arzt ihm diese kleine Freude. Da zündete Nero Rom an.

Unsere Babys nuckeln an der Brust der Mutter, und wenn diese einmal nicht greifbar ist, wollen sie einen Schnuller. Das ist eine 1A Ersatzbefriedigung und ein 1A Ersatzprodukt. Wir wollen uns nicht ausmalen, was unsere Kinder anstellten, wenn sie irgendwann mal keine Schnuller mehr bekämen. Aber geschichtsvergessene und gefühlskalte Kindergartenleiterinnen bestehen immer wieder darauf, die Kleinen schon im Alter von 3 (!) ohne Schnuller in den Kindergarten zu schicken. Die Eltern müssen dann ihre ganze Phantasie aufbringen, um ihren Kindern den Abschied zu versüßen und größeres Leid zu vermeiden.

Der Trick: Der Schnullerbaum

Von Franziska (37), Optikerin, und Gunnar (48), Graphiker, für ihre Tochter Mathilde (3)

81. Spielzeug als Waffe

«Steck dein Schwert in die Scheide; denn alle, die zum Schwert greifen, werden durch das Schwert umkommen.» (Matthäus 26,52)

Stefan ist sieben Jahre alt und kennt die Bibel nur vom Hörensagen. Auch sonst hat ihm niemand gesagt, dass es gesellschaftlich noch heute eher out ist, seine Schwester mit einem Holzschwert umzubringen. Und überhaupt, seine Vorbilder, die Ritter und Samuraikrieger, stechen in Filmen, die er eigentlich nicht sehen darf, ja auch immer in jeden Dahergelaufenen, der sie nervt. Und seine Schwester nervt andauernd! Aber wie dem ehrenvollen und heldenhaften Kämpfer in Geschichten und Filmen oft Unverständnis entgegenschlägt, ehe er die geistig abgestumpfte Masse von der Spitze seines Schwertes und der Bedeutung seines Auftrages überzeugt hat, so muss auch Stefan um die ihm seiner Meinung nach gebührende Anerkennung kämpfen. Da wird er in diesem Kampf ausgerechnet von einem Mann hintergangen, den er als Bruder im Geiste wähnte. «Euer Vater weiß, was ihr bedürfet, ehe ihr ihn bittet.» (Matthäus 6,9). Von wegen!

Der Trick: Die Federn sind mächtiger als das Schwert

Von Arno (35), Tischler, für seinen Sohn Stefan (7)

Stefan piekt Ela, Ela schreit. Stefan piekt Ela noch einmal, Ela schreit noch einmal. Dann läuft Ela weg. Stefan läuft hinterher, piekt sie und schlägt ihr mit dem Schwert auf den Hintern: «Ja, nimm dies und dies und das und …»

Da rupft Arno das Schwert aus Stefans Hand wie der Gärtner das Unkraut aus dem Rosenbeet. «Wie oft habe ich dir gesagt, du sollst deine Schwester mit dem Ding nicht schlagen?»

«Weiß nicht.»

Es ist immer wieder lustig, wenn Kinder rhetorische Fragen ehrlich beantworten. Aber Arno lacht nicht vor seinem Sohn darüber, Arno geht zum Lachen in den Keller. Denn dort ist seine Werkstatt und dort lässt er seinem handwerklichen Geschick freien Lauf. Er ist zwar Tischler von Beruf, hat aber auch schon Möbel gepolstert. Und so schnappt er sich ein altes Kissen, ummantelt damit das Schwert, nimmt seinen Elektro-Tacker zur Hand und tackert das Kissen hieb- und stichfest ans Schwert. Mit diesem butterweichen Kuschelschwert geht er zurück zu Stefan, drückt es ihm in die Hand und sagt: «So, mein Freund, und wenn du gelernt hast, damit umzugehen, mache ich das Kissen wieder ab.»

Stefan schaut auf das Kuschelschwert in seiner Hand und zieht eine Schnute, die man bisher bei keinem noch so enttäuschten Ritter, bei keinem noch so gedemütigten Samurai gesehen hat. Aber geholfen hat es!

Und jetzt können Sie, liebe Eltern, alle Spielzeuge, die Kinder als Waffen benutzen, um einander zu schlagen, also *alle* Spielzeuge, in Kissen nähen, mit Wolle umhäkeln oder mit Wattebäuschchen bekleben, bis alle Welt friedfertig geworden ist.

82. Ich will einen Hund!

«Der Hund ist der beste Freund des Menschen», sagt Shelly (7) wie auswendig gelernt und guckt ihre Mutter Cora in der Berliner Dreizimmerwohnung erwartungsvoll an.

«Ich weiß nicht», denkt Cora, «mein bester Freund kackt mir nich' vor de Tür.» Aber sagen tut sie: «Schätzchen, fängste schon wieder damit an? Willste nich erst mal einen Hamster? Wo soll'n wir denn so 'n Köt... Hund, wo soll der hier denn hin? Verstehste? So 'n Hund, der braucht Platz, der will laufen, der will gefüttert werden, zum Pinkeln und Kacken raus und so weiter, so 'n Hund is' viel Arbeit, und du hast ja auch noch Schule. Also lieber erst mal 'nen Hamster, ja?»

Na, liebe Pädagogen, wie war das bis jetzt von Cora? Sie hat die Schwierigkeiten aufgezeigt und Shelly eine alternative Lösung angeboten, die Hamsterlösung. Es ist noch Luft nach oben, aber so schlecht sind Coras Argumente nicht, oder? Und was sagt Shelly dazu?

SHELLY: «Ich will aber 'n Hund! Bitttttäääää!»

«Ich will aber 'n Hund» ist allein noch kein besonders gutes Argument, Shelly. Aber mit treuherzigen, leicht verheulten Augen hundegleich von unten nach oben zu gucken und «Bitttttäääää!» zu flennen, das, liebe Shelly, ist ein hervorragendes Argument. Mal gucken, wie Cora darauf reagiert.

Der Trick: Hundsgemein

Von Cora (42), Angestellte, für ihre Tochter Shelly (7)

«Okay, Shelly, pass auf. Einen Hund muss man füttern wie 'nen Menschen, man muss auf ihn achten, wie auf 'nen Menschen, ja?»

SHELLY: «Ja.»

CORA: «Und wenn man nicht auf 'nen Menschen achten kann, kann man schon mal gar nicht auf 'nen Hund achten, richtig?»

SHELLY: «Ja.»

CORA: «Gut, Shelly-Schätzchen, du bekommst erst dann 'nen Hund, wenn du auf deinen Bruder (Leander, 4 Jahre alt) so aufpasst wie auf 'nen Hund. Du musst ihm zu essen geben und zu trinken und so weiter. Wenn das einen Monat lang klappt, bekommst du deinen Hund.»

SHELLY: «Jaaa, ich bekomme einen Hund!!!»

«Von wegen», denkt Cora, «wenn dit klappt, fress ick 'nen Besen und 'ne Bulldogge.»

Hier ist aber wirklich mal eine kritische Zwischenfrage nötig: Darf man ein Kind, also Leander, so verhundlichen? Nein, darf man nicht. Das ist moralisch verwerflich. Andersherum geht es natürlich prima. Einen Hund vermenschlichen bzw. verkindlichen, das machen mittlerweile fast alle Hundebesitzer.

Das Ergebnis des Experimentes sieht nun so aus: Am Abend des ersten Versuchstages wäre Leander wahrscheinlich schon verdurstet, weil Shelly mit ihrer Freundin Noelia[18] spielte und nicht auf Leander achtete. Sie hat nicht einmal einen einzigen Tag durchgehalten.

«Also muss sie noch auf ihren Hund warten, bis sie gelernt hat, Verantwortung zu übernehmen», sagt Cora. Und das, obwohl Shelly ihren kleinen Bruder dazu gebracht hat, draußen Pipi zu machen. «Immerhin hat er nich' vor de Tür jekackt», denkt Cora.

83. Deutsch lernen

Ivo ist ein Junge vom Land. Und zwar nicht vom grünen Stadtrand, sondern richtig vom Land. Oder wie es sein Vater Gerd stets auf den Punkt bringt: «Wir wohnen hier am Arsch der Welt.

18 Hier möchten wir Ihnen, liebe Eltern, einen kleinen Hinweis geben, wenn Sie bei der Suche nach einem Vornamen für Ihr Kind noch zweifeln. Schauen Sie doch bitte nach, wie die bekanntesten Menschen, die Ihren Wunschnamen tragen, aussehen. Wie Sie das machen? Geben Sie den Vornamen in die Suchmaschine ein und klicken Sie auf «Bilder». Hier schauen Sie sich dann in Ruhe die Namensträger an. Natürlich kann sich das Ergebnis mit der Zeit wieder ändern. Vielleicht wird ein Nobelpreisträger bekannt, der diesen Vornamen trägt, oder eine talentierte und liebenswerte Charakterdarstellerin betritt das Rampenlicht der Weltbühne. Aber manchmal, und das kommt bei bestimmten Namen häufiger vor, wird er schon von vornherein durch irgendwelche promigeilen, hirnlosen, zeigefreudigen Rumhopser oder schafsgesichtigen Dumpfdödel komplett versaut.

Und wenn man links und rechts die Hügel sieht, hofft man, dass der Arsch nicht mal die Backen zusammenkneift.» Ivos Vater spricht das, was man eine erdverbundene Sprache nennt. Er ist Schreiner und «Aufsichtsratsvorsitzender einer Ein-Mann-AG», wie er sagt. Seine Kundenbesuche führen ihn häufig vom Arsch der Welt in die umliegenden Städte. «Da muss man sich ja jede Menge Zeugs anhören von diesen hippen Bielefeldern.»[19] Denn dass sein Sohn Ivo mit seinen neun Jahren noch nicht im Ausland war, quittiert ein Bielefelder Architektenehepaar mit spitzem Mund so: «Für uns war es früher auch nicht leicht. Der Imre war schon vier, als er zum ersten Mal das Meer gesehen hat. Vier! Und dann auch noch in Holland.»

«Ivo muss nicht ins Ausland, der muss erst mal richtig Deutsch lernen. Das ist eindeutig seine Schwäche», sagt Gerd, als er seiner Frau Xenia vom Vortrag der Architekten erzählt. Xenia hat schon oft mit ihrem Sohn geübt und meint, das werde sich schon alles irgendwann wieder einrenken. Das wird es bestimmt auch. Aber jetzt ist die Frage, ob er aufs Gymnasium gehen soll oder nicht. Und wäre es nicht schade, wenn nur die «hippen Bielefelder» ihre Imres aufs Gymnasium schicken könnten? Aber wie bringt man Ivo dazu, wenigstens ein bisschen zu lernen?

19 Das hat er wirklich gesagt: «hippe Bielefelder». Ein dazu passendes Zitat, dessen Urheberschaft nicht verbürgt ist, es mag von einem Kabarettisten sein, lautet: «Provinz ist da, wo Lehrer Intellektuelle sind.» Wenn das stimmt, kann man jetzt hinzufügen: «Provinz ist da, wo Bielefelder hip sind.» Natürlich sind Metropolenbewohner auch nicht besser. So viel zur vorurteilsfreien Wohnsitzcharakterstudie.

Der Trick: Je spreken Hollands?

Von Gerd (55), Schreiner, für seinen Sohn Ivo (9)

Gerd und Ivo stehen auf dem Wochenmarkt an einem Obststand. Da merkt Gerd, wie Ivo den Kunden vor ihnen anstarrt. Es ist ein Holländer, aber das weiß Ivo ja nicht, er war ja noch nicht im Ausland. Und so beobachtet Ivo den Holländer ganz genau, als dieser versucht, ein paar Äpfel zu bestellen.

HOLLÄNDER: «Ik hebbe von de Appels graag tien.»

HÄNDLER: «Bitte?»

HOLLÄNDER: «Appels?»

HÄNDLER: «Ja, Äpfel, gern. Äh ... welche?»

HOLLÄNDER (zeigt): «Da!»

HÄNDLER: «Ah, Boskop, wie viele?»

HOLLÄNDER: «Tien Appels.»

HÄNDLER: «Vier?»

HOLLÄNDER: «Nee.»

HÄNDLER: «Neun?»

HOLLÄNDER: «Nee Tien!»

HÄNDLER: «Ach, neunzehn?»

HOLLÄNDER: «Tien, tien, äh ...» (Der Holländer zeigt zehn Finger).

HÄNDLER: «Ahhh, verstehe, zehn Äpfel, alles klar.»

Der Holländer bekommt eine Tüte mit Äpfeln. Gerd bestellt gerade, als Ivo, der immer noch verwundert hinter dem Holländer herschaut, meint: «Der spricht aber komisch.»

Da denkt Gerd nicht eine Sekunde nach, und in einem Anfall von Durchtriebenheit sagt er: «Ja, der hat genauso wie du in der 3. Klasse aufgehört, Deutsch zu lernen.»

IVO: «Quatsch.»

«Ja, wenn ich's dir doch sage. Überleg mal, wenn du das

Fußballspielen nicht trainierst, kannst du es irgendwann auch nicht mehr, und wenn du die Sprache nicht trainierst, kannst du irgendwann nicht mal mehr Äpfel bestellen. Das ist dasselbe, das liegt an den Gehirnschaltungen da oben.»

IVO: «Voll krass.»

Als Gerd merkt, dass er Ivo beeindruckt hat, setzt er noch einen drauf: «Keine Äpfel oder ... äh, auch keine Erdbeerschnitten könntest du dann mehr bestellen, oder so, eben egal was.»

«Ohh, Erdbeerschnitten? Voooll krass.» Danach hat Ivo tatsächlich mal gelernt. Er liebt Erdbeerschnitten über alles.

84. Hausaufgaben

Kinder lassen sich von ihren Eltern nichts sagen, das ist normal. Wer sind diese Eltern denn schon? Was bilden die sich überhaupt ein, überall dran herummosern zu müssen? Da könnte ja jeder kommen! Christian hat es sogar noch einen Tacken schwerer, denn er ist quasi dieser «Jeder». Das heißt, er ist nicht Bens richtiger Vater, sondern «nur» der neue Lebensgefährte von Bens Mutter Uta. Deswegen bekommt er oft so etwas zu hören wie: «Von dir lass ich mir gar nix sagen! Du bist nicht mein Vater!» Aber Christian hat einen guten Trick, um sich bei Ben Gehör zu verschaffen und – und das ist für alle Eltern interessant – ihn zum Hausaufgabenmachen zu bewegen. Und wenn wir Trick sagen, dann meinen wir in diesem Fall auch Trick.

Der Trick: Hellsehen leicht gemacht

Von Christian (45), Journalist, für seinen Stiefsohn Ben (12)

CHRISTIAN: «Und, hast du deine Hausaufgaben schon gemacht?»

BEN: «Kann dir doch wohl egal sein, du bist ja nicht mein Vater!»

CHRISTIAN: «Tja, mein Fehler, ich mag dich eben einfach zu sehr ...»

BEN: «Pff ...»

CHRISTIAN: «Hey, Vorsicht, was du da gerade über mich denkst. Ich kann nämlich Gedanken lesen!»

BEN: «Ja klar, ey! Als ob ...»

CHRISTIAN: «Glaubst du nicht, hm? Ich kann sogar deine Gedanken lesen, bevor du sie dir überhaupt gemacht hast!»

BEN: «Naaa sicher!»

CHRISTIAN: «Gut, pass auf! Ich hab heute Morgen eine Spielkarte in mein Portemonnaie getan. Wenn das die Spielkarte ist, an die du jetzt gerade denkst, machst du dann deine Hausaufgaben?»

BEN: «Na sicher! Aber das will ich erst sehen. Ich denke an diiiie ... Pik 4!»

Christian holt seine Brieftasche hervor und zieht daraus eine Karte, die er enttäuscht anschaut.

BEN guckt hämisch: «Und? Hat wohl nicht geklappt, was?»

CHRISTIAN zeigt Ben die Karte: «Eine daneben. Pik 3!»

BEN ist trotzdem ziemlich beeindruckt: «Na ja, äh, schon ganz cool ... aber leider ...»

CHRISTIAN, triumphierend: «Aber ... selbst DAS hab ich natürlich vorhergesehen!»

Er dreht die Karte um, und auf der Rückseite steht: «Nur eine daneben!»

Ben klappt die Kinnlade runter, und fünf Minuten später büffelt er seine Englisch-Vokabeln.

Diesmal hat sich Christian von Bens Totschlagargument «Du bist nicht mein richtiger Vater» einfach nicht beeindrucken lassen und Vorbereitungen getroffen. Man kann dafür die meisten der handelsüblichen Brieftaschen benutzen. Klappen wir sie mal auf und schauen mal rein:

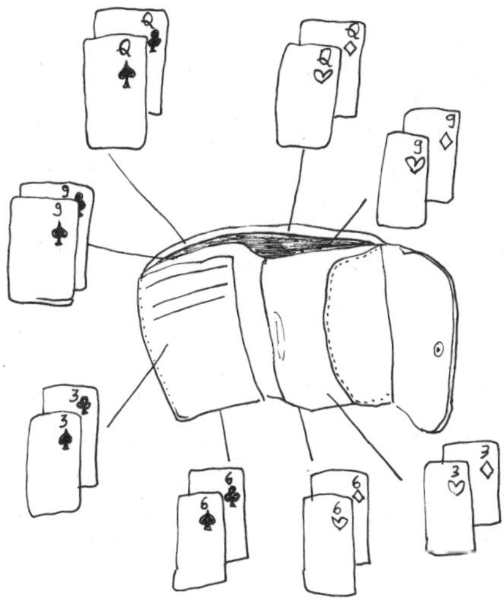

Vorne links hinter den Kreditkarten hat Christian die 2 schwarzen Dreien versteckt, im Fach dahinter die zwei schwarzen Sechsen. Im Kleingeldfach rechts hat Christian die 2 roten Dreien und dahinter die 2 roten Sechsen. Hinten im Fach für die Scheine gibt es noch mal eine Unterteilung. Vorne links hat Christian die 2 schwarzen Neunen, dahinter die beiden schwarzen Königinnen. Vorne rechts hat er die zwei roten Neunen und im hinteren Fach die beiden roten Königinnen.

So braucht er also nur 16 von 52 Karten in seiner Brieftasche zu tragen, und die ist dabei immer noch schön flach. Schwarz links, rot rechts, die Werte nach hinten aufsteigend. Das spitze Karo und Pik immer vor den runden Herz und Kreuz, das ist mit ein bisschen Merkarbeit leicht draufzukriegen. Als Ben «Pik 4» sagt, zückt Christian also einfach die Pik 3, spielt erst den Enttäuschten, und dreht sie dann triumphierend um, denn er hat einfach mit wasserfestem Edding «Nur eine daneben!», auf JEDE Karte hintendrauf geschrieben. Und das wirkt dann fast noch unheimlicher, als wenn er Bens Karte auf Anhieb getroffen hätte.

85. Unterschrift fälschen

Wollen Väter nicht seit Jahrhunderten ihre eigenen Fähigkeiten und Kenntnisse an ihre Söhne weiterreichen? Erfüllt es nicht alle mit Stolz, wenn begabte Kinder ihr Können unter Beweis stellen? Offenbar nicht, denkt Linus. Der Zwölfjährige kann die Unterschrift seines Vaters originalgetreu nachmachen, das heißt, er kann sie genauso scheußlich hinkrickeln wie er. Um diese Perfektion zu erreichen, hat Linus viel Zeit und Mühe investiert. Und was bekommt er dafür? Lob? Anerkennung? Pustekuchen! Von seinem Klassenlehrer bekommt er nur die Drohung, dass sein Vater umgehend informiert wird. Und diese Drohung wird auch noch wahr gemacht. Als wenn es damit nicht genug wäre, muss Linus auch noch zum Direktor.

Der Direktor benutzt für Linus' kompetente Arbeit aber auch keine Begriffe wie «Fleißarbeit» oder «herausragend». Nein, der Direktor benutzt doch tatsächlich Worte wie «kriminell» und «Fälschung».

«Fälschung?», denkt Linus, «das hört sich aber so gar nicht nach Lob an. Wie kann ich denn überhaupt etwas fälschen, wenn es um meinen Vater geht? Bleibt so etwas denn nicht in der Familie?» Das sind juristische und gesellschaftliche Fragen, auf deren Beantwortung Linus mit einem mulmigen Gefühl wartet. «Aber egal, Papa wird das bestimmt mit Humor nehmen. Mama hat ja mal gesagt, sie hat den Papa nur geheiratet, weil der so einen tollen Humor hat. Na, das kann er jetzt mal beweisen.»

Wir werden sehen, Linus. Es gibt verschiedene Arten von Humor. Gucken wir mal, ob du mit dem Humor deines Vaters zurechtkommst.

Der Trick: Namen sind Schall und Rauch

Von Patrick (47), EDV-Fachmann, für seinen Sohn Linus (12)

Patrick hat zu Hause gerade den Anruf vom Klassenlehrer erhalten und ist außer sich. «Urkundenfälschung? Kriminell? Von mir hat er das nicht!», ruft Patrick laut aus und ist froh, dass seine Frau gerade nicht da ist. Denn wer wäre noch übrig, wenn Linus es nicht von ihm hätte. Patrick geht in seinem Arbeitszimmer unruhig hin und her, her und hin, und wieder hin und her, er überlegt. Schließlich tippt er ein paar Zeilen in seinen PC, druckt einige Blätter aus, schreibt etwas darauf, schnappt sich Tesafilm und geht aus dem Haus. An Straßenlaternen, Trafokästen und Häuserwände hängt er mit der gefälschten Unterschrift seines Sohnes ein einmaliges Angebot aus[20]:

20 Name und Adresse geändert.

Verschenke meine neue Playstation!
Mit allen Spielen!!
Einmalige Gelegenheit!!!
Jetzt oder nie!!!!

Klingeln bei Schenkerstraße 15

Linus Mustermann

Patrick geht wieder zurück in den vierten Stock in seine Wohnung und schaut von dort hinunter auf die Straße. Er ist freudig erregt und gespannt, weil ihm dieser Trick eingefallen ist. Gleichzeitig ist er aber auch noch sauer auf Linus. Sein Adrenalinspiegel steigt höher und höher. Linus kommt die Straße entlang. «Ja, guck, guck dir den Zettel an, jaha, guck», Patrick sprüht vor diebischer Freude und Energie. «Das gibt's doch nicht, bist du blind? Er kann nicht blind sein, wenn er meine Unterschrift nachmachen kann.»

Linus läuft an drei Zetteln vorbei, dann, kurz vor dem Hauseingang, sieht er den Zettel an der Laterne. «Ja, da guckst du, hihi. Mein Gott, wie lange der braucht, um das zu kapieren!»

«Häääääh? Was soll das denn?», stößt Linus aus.

«Ahh, jetzt hat er's kapiert. Endlich!», denkt Patrick.

Linus reißt den Zettel von der Laterne und rennt ins Haus.

In der Wohnung entbrennt zwischen Patrick und Linus eine energische Diskussion über das Fälschen von Dokumenten. Wieder fallen nicht die von Linus gewünschten Worte. Überhaupt nicht, ganz und gar nicht. Es fallen Worte wie «Wahrheit» und «Lüge» und dann auch noch die Worte «wenn das alle machen» und schließlich sogar «Chaos» und «Weltuntergang». Die letzten Worte fallen Patrick in seiner Erziehungsnot etwas unüberlegt aus dem Mund. Linus lässt sich aber auch davon nicht beeindrucken. Gerade will er ein gelangweiltes «Jajaja» ausstoßen, da klingelt es an der Tür.

Ein Junge aus der Nachbarschaft steht vor der Wohnung und fragt nach der Playstation. Jetzt begreift auch Linus die Worte «Chaos» und «Weltuntergang». Er redet sich vor dem Jungen um Kopf und Kragen und versucht, ihm zu erklären, dass alles nur ein Scherz sei, Humor sei gerade jetzt sehr dringend gefragt. Patrick überlegt, ob er Linus' Humor einem Crashtest unterziehen und die Playstation dem Nachbarjungen schenken soll. Er macht es nicht, denn schließlich kommen aus Linus' Mund die Worte, die jeden Vater weich werden lassen: «Entschuldigung, Papa» und «Ich mach's nie wieder».

86. Die totale Vergesslichkeit

Tristan (11) ist vergesslich. Und zwar so vergesslich, dass sein Vater meint, die Geschichte von Tristan und Isolde hätte es mit seinem Sohn als Hauptfigur nie gegeben, weil Tristan die Isolde schlicht vergessen hätte. Vor allem Schulhefte, Bücher und Schlüssel vergisst er zu Hause regelmäßig. Auch wenn der Vater ihm abends schon sagt, was er am nächsten Morgen unbedingt mitnehmen soll. Sobald Tristan morgens seinen Rucksack umschnallt, scheint sein Gehirn auf Automatik zu schalten, und er geht, ohne zu überlegen, los.

Der Trick: Das Idealgewicht

Von Achim (50), Germanist, für seinen Sohn Tristan (11)

Achim packt jeden Morgen, wenn er sieht, dass Tristan wieder mal seine Schulhefte, die Sportsachen oder Bücher nicht eingepackt hat, Gewichte in Tristans Rucksack. Achim meint, wenn Tristan nicht merkt, dass er zu wenig im Rucksack hat, merkt er vielleicht, wenn es zu viel ist. Also packt er vier Hantelscheiben à 2,5 Kilogramm – insgesamt 10 Kilogramm Gewicht – hinein. Tristan könnte sich dabei auch den Arm ausrenken, und der Schmerz würde ihn immer daran erinnern, dass er etwas vergessen hat. Aber ganz so brutal fällt dieser Trick Achims Meinung nach nicht aus. Denn wenn Tristan den Rucksack anhebt, sagt er schon: «Ahh, irgendwas fehlt.»

Was, Tristan, was fehlt?, fragen wir uns hier besorgt. Du meinst bestimmt, dir fehlt ein Vater, der nicht so bekloppt ist und dir Gewichte in den Rucksack steckt? Ja?

Nein. Tristan nimmt das seinem Vater gar nicht übel. Er überlegt morgens tatsächlich: Was habe ich vergessen? Dann zieht er die Hantelscheiben aus dem Rucksack und legt die Bücher hinein. «So macht er auch noch Frühsport», sagt Achim total stolz.

Wir haben uns ja schon viel erzählen lassen, aber dieser Trick schien uns irgendwie nicht schlüssig. Aber immer wenn wir denken, das ist doch Blödsinn, totaler Quatsch, funktioniert ausgerechnet das prima. Das Gehirn von Tristan wurde auf «schwer» konditioniert. Immer wenn er jetzt seinen Rucksack hochhebt, überlegt er, ob er irgendetwas vergessen hat.

«Irgendwann wird der Tristan bestimmt seine Isolde finden und sie nicht vergessen, jedenfalls nicht wenn sie schwer genug ist», grinst Achim. Für diese neue Perspektive auf die Beziehung zwischen Mann und Frau gebührt Achim allerdings schon wieder

Respekt. Wenn man das weiterdenkt, könnte der Diätenwahn in dem Satz eines Mannes über eine zu schlanke Frau gipfeln: «Ach, die kannste vergessen!»

87. Lernen geht doch

«Nicht für das Leben, sondern für die Schule lernen wir, sagte schon Seneca.»

Ingrid entschlüpft dieses Zitat eine Spur zu gespreizt. Das ist eine Steilvorlage für ihren zwölfjährigen Sohn Julian: «Seneca, jaja, kenn ich, spielt bei Dortmund. Du kannst doch selbst kein Latein, wieso soll ich Latein lernen?»

«Weil du dich dafür entschieden hast, du wolltest ja kein Französisch.»

«Nee, weil die Froschfresser ja auch kein Deutsch sprechen wollen, sagt Papa.»

«Deshalb jetzt Latein, damit kannst du später leichter Fremdsprachen lernen.»

«Das stimmt überhaupt nicht, sagt Papa, es gibt keine belastbare Studie, die das bestätigen kann. Das sagen die nur, weil die nicht sofort alle Lateinlehrer entlassen können, die sind ja veramtet.»

«Verbeamtet. Ich glaube, ich muss noch mal mit deinem Vater reden. Du kannst ja später auf Spanisch umschwenken.»

«Wozu? Auf Malle reden alle Deutsch.»

«Das ist mir alles egal. Du hast dich für Latein entschieden, jetzt wird das auch gelernt, so ist das im Leben mit den Entscheidungen. Und wenn du nicht lernst, dann gibt's für dich auch nicht dieses Star-Wars-Game, das kannste dir dann abschminken.»

«Aber ich hab ja gelernt, ich kann die Vokabeln, echt.»

«Gut, dann können wir ja zum Kaufhaus gehen und dir das Star-Wars-Game sofort holen.»

«Jaaa? Geil, das feier ich!»

Der Trick: Learning by Walking

Von Ingrid (43), Hausfrau, für ihren Sohn Julian (12)

Kaum öffnet Ingrid die Haustür, da schiebt sich Julian eilig an ihr vorbei und schlägt den Weg Richtung Kaufhaus ein. In Gedanken spielt er schon das neue Star-Wars-Spiel. Demonstrativ verlangsamt Ingrid ihre Schritte und zieht ein Lateinbuch aus der Jackentasche. «Dann wollen wir doch mal sehen, ob du recht hast und wirklich die Vokabeln kannst», sagt Ingrid, während sie die Vokabelseite aufschlägt: «Lupus?»

«Was?», fragt Julian verwirrt.

«Der Wolf», erwidert Ingrid schnell, «und den werden wir uns laufen, wenn du nicht alle Vokabeln draufhast.» Dabei macht sie kehrt und geht einige Schritte zum Haus zurück.

«Äh, soll das heißen, wir gehen wieder zurück, wenn ich was nicht weiß?»

«Zumindest das hast du kapiert. Agricola?»

«Cola, was? Ach so, warte, warte, warte, nicht gehen, ähhh ... Bauer.»

«Na also! Vielleicht kommen wir heute doch noch beim Kaufhaus an.»

Und so gehen die beiden mal fünf Meter vor, dann wieder zehn zurück, zwanzig Meter vor, dreißig zurück, fünfzig Meter vor und so weiter und so fort. Julian fühlt zwischendurch, wie sich sein Star-Wars-Game mit Lichtgeschwindigkeit von ihm entfernt. Aber die frische Luft und die Bewegung bringen Sauerstoff ins Gehirn, die Vokabeln bleiben haften, und so kommen die beiden nach einer Stunde beim Kaufhaus an. Eine Strecke, für die sie normalerweise fünfzehn Minuten brauchen. Sie ist schon eine trickreiche Frau, die Ingrid, oder wie die Lateiner sagen: Trickituss.

Reden ist Gold, Ruhe auch

Erziehungstricks
No. 88–100

88. Einseitige Kommunikation

Anke ist Mediengestalterin und weiß eine Menge über Kommunikation: «Kommunikation ist Informationsaustausch. Der eine gibt Information, der andere nimmt Information. Wenn aber einer nur gibt und der andere nicht nimmt, dann nennt man den, der immer nur gibt und gibt und gibt: Mutter. Und den, der nichts von dieser Information nimmt, den nennt man Sohn.»

Wieder was gelernt, danke, Anke. Ihr elfjähriger Sohn Nils hängt andauernd am Computer, und so ist der Kommunikations-Wunsch eher einseitig. «Wir haben Telefon, SMS, WhatsApp, E-Mail, Facebook, Twitter und so weiter, und obwohl mein Sohn nebenan sitzt, erreiche ich ihn nicht», ärgert sich Anke. Und dann zitiert sie aus ihrem Erziehungsratgeber: «Wir müssen unsere Kinder mit unserem Anliegen auch erreichen.»

Als Nils schließlich doch einmal aus seinem Zimmer kommt und vor ihr steht, ist sie gerade in den Ratgeber vertieft und sagt: «Jetzt nicht, geh weg, ich muss lesen, wie ich dich behandeln soll!» Nils guckt sie verwirrt an. «Nein, das war ein Witz, was ist denn?»

«Ich, äh, wollte nur sagen, ich muss jetzt Mathe lernen und will nicht gestört werden.» Nils macht kehrt und schließt seine Zimmertür hinter sich.

«Der und Mathe lernen? Das ist aber mit Sicherheit ein Witz», denkt Anke und zieht im Flur den WLAN-Stecker aus der Wand. Drei Sekunden später steht Nils im Flur und ruft: «Ey, was ist denn mit dem WLAN ... äh ...» Seine Worte geraten ins Stocken, als er auf seine Mutter blickt, die ihn mit mitleidigem Kopfschütteln erwartet: «So, so, und woher weißt du das, wenn du doch lernst?»

Anke weiß bei Nils nicht mehr weiter. «Der weiß überhaupt nicht, was ich von ihm will. Ich habe sogar gedroht, ihm das

Taschengeld zu kürzen, wenn er sich nicht an die vereinbarten Computerzeiten hält. Aber er hört gar nicht richtig zu. Irgendwie muss ich anders mit ihm kommunizieren.» Und das hat Anke dann auch getan.

Der Trick: Hochprozentiges

Von Anke (39), Mediengestalterin, für ihren Sohn Nils (11)

Zur besseren Kommunikation druckt Anke dieses selbst gebastelte Ladebalken-Fenster aus und klebt es an Nils' Tür:

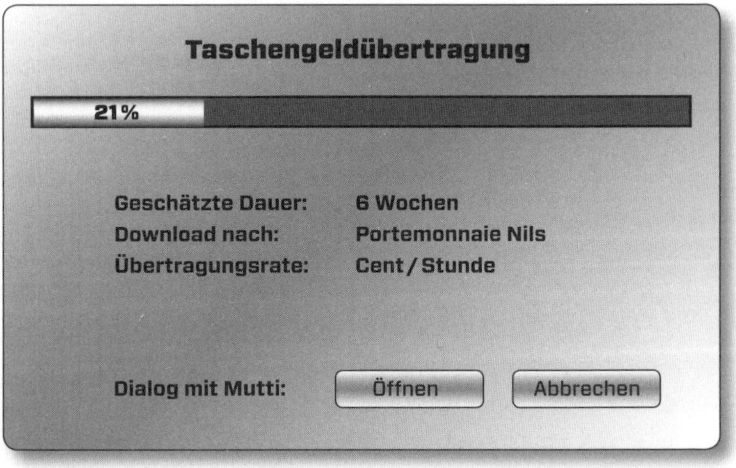

Die Informationsverarbeitung in Nils' Kopf dauerte nicht lange. Sofort kommunizierte er mit seiner Mutter, um einen Finanz- und Zeitplan auszuhandeln. So ist das: Wenn die Zeit vorm Computer richtig Geld kostet, hört der Spaß auf. Time is money!

89. Nur ein Wort

Margrit sagt: «Diese scheiß Konsumgüterindustrie, die macht unsere Kinder total fertig. Die machen die heiß auf Technik, und dann haben wir den Ärger damit. Die werden ja völlig abhängig.» Gut gebrüllt, Löwin! Aber sollte man so über die Konsumgüterindustrie schimpfen, wenn man selbst in den Schuhen von Zalando steckt?

Das Problem mit computersüchtigen Kindern bleibt aber auch bei einer kritischen Auseinandersetzung mit sich selbst erhalten. Und es ist ein großes Problem für viele Eltern, wenn die Kinder nur noch mit dem Computer reden. So auch für Alexander, gebürtiger Bayer und Lebenspartner von Margrit («In dieser Reihenfolge», hat er gesagt. Und er meinte die Ordnung nach Wichtigkeit!), der die PC-Kommunikation seines Sohnes einschränken möchte.

Der Trick: Das Nasswort, bitte

Von Alexander (53), Zahnarzt, für seinen Sohn Maximilian (11)

«Ich bin am liebsten in der Natur. Mit dem Internet ... ich weiß nicht, warum sich die Leute da die privaten und intimen Sachen von anderen angucken. Das wäre für mich keine Erholung. Ich guck ja beruflich den Leuten in den Mund. Wenn man das den ganzen Tag gemacht hat, scheußlich, das reicht mir an Intimität vollkommen.» Alexander will das Internet aber nicht ganz verteufeln. «Ich bin ja nicht komplett gegen Internet, der Junge muss ja für die Schule da rein.»

Ja, genau. Die Kinder müssen ja *immer* für die Schule ins Internet. Man kommt nachmittags gar nicht mehr auf die Goethe-

und Schillerseiten. Der Literaturserver bricht regelmäßig zusammen, genauso wie die Erdkunde-, Bio-, Englisch- und Matheseiten. Weil *alle* Kinder *immer* nur dahin wollen. Und bei Facebook ist tote Hose. Eltern, die so etwas glauben, glauben auch wenn Kinder sagen: «nur ganz kurz».

Alexander ist für eine wie er sagt «typisch männliche Problemlösung» und meint, das sei «naturgemäß eine technische». Er schaltet die PCs der Familienmitglieder an ein WLAN-Netz an und lässt über ein Passwort für Maximilian eine Nutzung zu. Weil er nicht ständig zu Hause ist oder im Garten das Zeitgefühl verliert, hat er außerdem noch eine Software mit Countdown-Uhr im PC installiert, die nach einer Stunde das WLAN-Netz abschaltet.

Das WLAN zu kontrollieren und wie Alexander der Große über das Familiennetz zu herrschen, scheint vielleicht patriarchalisch und restriktiv zu sein. Aber, wie sagen die Mediziner, zu deren Berufsstand Alexander gehört? Wer heilt, hat recht. Jedenfalls so lange, wie es dauert.

1. Nachtrag:

Nach ein paar Tagen kam Maximilian zu Alexander in den Garten. Alexander war gerade mit schmutziger Gartenarbeit beschäftigt. Maximilian bat ihn um das Passwort, damit er wieder mal bei Goethe und Kollegen vorbeischauen kann. Alexander wehrte ab: «Nein, nein, du hast heute schon dein Limit fürs Internet überschritten, wenn ich dir das Passwort gebe, bist du ja schon wieder eine Stunde im Netz. «Nein, Papa, nur für die Schule, nur ganz kurz. Vertrau mir doch mal.»

«Vertrauen ist gut, Kontrolle ist besser.» Mit diesen Worten ging Alexander aus dem Garten, wusch sich die Hände, setzte sich im Arbeitszimmer an den PC und tippte, vom Sohn abge-

wandt, das WLAN-Passwort ein: «Wenn ich dir das jetzt gebe, muss ich mir ja morgen schon wieder ein neues Passwort ausdenken, und ich merk mir die so schlecht.»

«Jaja, mach schon, ich hab's eilig!»

Alexander öffnete das WLAN, stellte die Countdown-Uhr auf 15 Minuten und machte sich wieder an die Gartenarbeit. Maximilian folgte ihm ein paar Schritte, kehrte aber dann eilig ins Arbeitszimmer zurück und machte sich an eine ganz andere Arbeit. Auf der Tastatur sah er die feuchten Fingerabdrücke seines Vaters. Er notierte sich die Tasten, die der Vater bei der Eingabe des Passwortes getippt hatte, und probierte dann so lange, bis er das Passwort geknackt hatte. «IXAM? Nee, AXIM? Nee, XIAM? Nee ... MAXI ... JAAAA, es ist MAXI! Mist, das ist ja mein Name, warum bin ich da nicht früher drauf gekommen?» Dann schaltete er das WLAN-Netz frei.

Und wie man die Countdown-Uhr findet und ausstellt hat er wo gelernt? Im Internet, richtig! Maxi lief überglücklich zu seinem PC: «Von jetzt an kann ich so lange surfen, wie ich will», ... dachte er.

2. Nachtrag:

Das Codeknacken von Maximilian ist natürlich aufgeflogen, sonst hätte uns Alexander diese Geschichte nicht erzählen können. Im Moment heißt das Passwort «Maggy». Wir können raten, wann Maximilian darauf kommt, dass sein Vater beharrlich die Spitznamen der Familienmitglieder als Passwort verwendet. Aber Alexander ist auf der Suche nach einer neuen, noch findigeren Sicherheits-Software. Gedanken an das Aufrüstungsgebaren im Kalten Krieg liegen da nicht so fern.

«Wir haben eine neue Kindersicherung in Lennis PC installiert, so kommt der nicht ins Internet», erzählte Tobias selbst-

bewusst Alexander in einer gemütlichen Elternrunde. Es wurde für Tobias dann schnell etwas ungemütlich, als der technikversierte Vater Jerik ihm ein Youtube-Video zeigte, in dem detailliert beschrieben wird, wie kinderleicht man diese Kindersicherung umgehen kann. Dass zu viel PC die Kinder krank macht, ist mittlerweile genauso angekommen wie die Tatsache, dass Rauchen schädlich ist. «Aber sag das mal jemandem, der nachts im Regen auf seiner Terrasse hektisch eine durchzieht und sich als ‹Genussraucher› bezeichnet», so Jerik.

Allgemeine Bemerkung zur Statistik:

Wir sehen in unserer Sammlung eine deutliche Häufung der Konstellation: Sohn – Computer. Von dieser technikgenderstereotypen Darstellung möchten wir uns ausdrücklich und eindringlich distanzieren. Wir haben keinen Einfluss auf das Geschlecht oder die erzieherischen Probleme in den Familien. Wir haben es versucht, aber die Menschen wollen ihr Geschlecht und ihre Probleme einfach nicht an eine von uns gewünschte ausgewogene Statistik anpassen. Wer in seinem Leben genug Menschen kennengelernt hat – und man kann ab einer bestimmten Anzahl deutlich sagen: Genug ist genug –, kennt dieses Problem. Die Reaktion darauf ist eine ebenso menschliche wie soziologisch-psychologisch-empirisch fundierte (unabhängige Studien von Wissenschaftlern haben das gezeigt), die in dem Fazit, ja in dem Axiom kulminiert: «So sind se halt, die Menschen.»

90. Schimpfwörter

Beleidigungen sind so alt wie die menschliche Sprache. Das erste Wort, das je ein Mensch gesprochen hat, war bestimmt «Ich». «Ichichichichich» tönte es von da an aus der Urmenschenhöhle. «Ichichichhugaaaiiiich!» Und das Nächste, was man dann hörte war: «Jetzt halt endlich die Fresse, du egozentrisches Höhlenmenscharschgesicht, du dämliches!» Und das wie immer vor den Ohren der Kinder. Hätte es in der gesamten Menschheitsgeschichte wirklich mal eine Generation geschafft, komplett auf Beleidigungen zu verzichten, wären sie vielleicht ausgestorben. Danach sieht es in unserer Welt aber im Moment nicht aus.

Tim (9) kann keinen Satz mehr ohne ein Schimpfwort sagen. Seine Mutter Ines befürchtet schon, er könne am Tourette-Syndrom leiden. «Pisse, Kacke, Wichser, Pimmel, Scheiße, Ficken» – und das ist nur die Begrüßung. Was hilft? Gutes Zureden? Ignorieren? Zurechtweisen? Alles schon probiert, leider ohne Erfolg. Am schlimmsten ist es, wenn Besuch kommt. Die Freundinnen von Ines sind nach einer Weile «Ficker»-Beschallung etwas angespannt, obwohl einige von ihnen sich nicht mehr genau daran erinnern können, was das eigentlich ist.

Der Trick: Pimmelarschundzwirn

Von Ines (37), Logopädin, für ihren Sohn Tim (9)

Als seine Freunde Tim besuchen, spielt Ines das «Wie-du-mir-so-ich-dir-Spiel». Im liebenswürdigsten Ton mit geschmeidigem Grinsen kommen ihr die schönsten Sätze über die Lippen: «Ach, Timileinchen, soll ich deinen Freunden nicht noch einen Kuchen backen, Wichserchen? Ich muss nur noch mal gucken, welcher Arsch das Mehl versteckt hat. Also wenn ich den Pimmel finde ...»

Tims unsicheres Lächeln geht rasch in energisches Flehen über: «Mama, nich', Mama! Das is' nich' lustig.»

«Nein», erwidert Ines, «das ist auch nicht lustig. Es ist aber auch nicht lustig, wenn *du* es machst. Also, entweder machen wir beide weiter, oder wir hören beide damit auf.»

«Aufhören, wir hören auf!», ruft Tim hastig.

«Wunderbar, ich bin total stolz auf dich», sagt Ines. «Und auf mich», denkt sie, «ich bin schon 'ne coole Mutti.»[21]

91. Das böse Wort mit F

Es gibt Wörter, die sagt man nicht, wenn man ein feiner Mensch ist und ein feines Ohr für unsere Sprache hat. Wer nicht so genau weiß, welches Wort sich zur schicken Verwendung schickt, dem sei nicht etwa der Duden empfohlen, sondern ein kleines, aber feines Reimlexikon, das auf den Namen seines Erfinders *Steputat* hört. Das Wort, von dem hier die Rede sein soll, nein muss, findet sich natürlich nicht im *Steputat*. Dort steht unter den Reimen auf otze: «Gekotze, Gemotze, Glotze, (ich) glotze». Das war es!

Und trotzdem beleidigt dieser kleine und gemeine und erst zehnjährige Marius, dieser Schimpf-Pimpf (ja, das steht im Ste-

21 Ja, Ines, du bist schon eine coole Mutti. Aber du warst nicht immer so cool, nicht wahr? Beim ersten Schimpfanfall ihres Sohnes ist Ines nämlich folgender Satz entschlüpft: «Hör mit diesen scheiß Schimpfwörtern auf!» Kein Witz. Kaum ausgesprochen, musste Ines den Raum verlassen. Sie hat sich im Badezimmer eingeschlossen und lachte sich über die eigene Blödheit kaputt. Dann erst ging sie als halbwegs akzeptable Erziehungsberechtigte wieder zurück zu ihrem Sohn.

putat!), mit diesem von uns nicht erwähnten Wort seine Mutter. Die größtmögliche Beleidigung von dem am meisten geliebten Menschen zu erfahren, gehört zu den naturgegebenen Dramen, die das Leben einer Mutter erst richtig würzen. Da darf die Mutter dann bei der Antwort auch nicht am Pfeffer sparen.

Der Trick: Zurück in die Zukunft

Karla (35), Kulturmanagerin, für ihren Sohn Marius (10)

Karla redet ganz ruhig mit Marius und erklärt ihm, dass sie sehr verletzt sei von seiner Beleidigung. Aber Marius scheint diesen Tabubruch zu sehr zu lieben, woraufhin Karla sagt: «Du bist offensichtlich noch nicht fähig, Worte zu verstehen. So wie ein Baby das auch nicht kann. Wenn du also möchtest, dass ich dich wie ein Baby behandle, bitte schön.»

Mit diesen Worten geht Karla in das Zimmer von Marius, nimmt all seine Spielsachen, stopft sie in einen Karton und steigt auf den Dachboden. Von dort kehrt sie mit einigen Babyspielsachen von Marius zurück und stellt sie in sein Zimmer. «So, mein Kleiner, das sind jetzt deine Spielsachen. Und deine anderen siehst du erst wieder, wenn du unsere Sprache wieder angemessen sprichst. Und eines ist mal ganz klar: Sollte ich dieses Wort noch ein einziges Mal von dir hören, nehme ich deine ganzen Klamotten, deine coolen T-Shirts und deine Jeans, und du bekommst deine Babysachen zurück. Das ist kein Scherz. Dann gehst du morgen mit einer Babymütze in die Schule. Das ist mir total egal!»

Das hat wirklich gesessen, und Marius hält sich an die Abmachung. Die Blamage vor seinen Freunden wäre zu groß gewesen, wenn sie Babyspielzeug in seinem Zimmer entdeckt hätten oder, wer weiß, seine verrückte Mutter ihm eine Babymütze aufgesetzt hätte, wenn er gerade vor der Schule steht. Das Wort, von dem hier die Rede war, ohne dass es ausgesprochen wurde, ist wieder tabu. Oder wie der *Steputat* reimen würde:

> Und wirft ein Wort, so giftig schwarze Schatten,
> auf diesen Ort, wo wir so lieb uns hatten.
> Sollst munter Mord an ihm begehen!
> Des Wortes Schatten wird verwehen.
> Doch, halt! Wie morden? Wie es machen?
> Na wie schon. Hier, mit Babysachen!
>
> So dichtet man mit Steputat,
> Die Frage ist jetzt: Kanns' du datt?

92. Der Aggro-Rapper

Einer der bekanntesten deutschen Aggro-Rapper ist Fifty Fitforfuck[22] aus dem Mannheimer Stadtgebiet Seckenheim, der sich seine Reime nicht aus einem Reimlexikon zieht, sondern aus seinem ... Kopf (es sei denn es gibt spezielle Reimlexika für Menschen mit Tourette-Syndrom). Seine Songs hören sich allesamt ungefähr so an:

> «Schkack auf disch un dein Scheiß-Wäddesystem
> Bis nisch ma flügge, kanns nisch auf eigene Eier stehn
> Du Old-school-Wichsär, kaum vom Topf wesch
> Und auch dein' Spastieltern rotz isch'n Kopp wesch

22 Name geändert auf Wunsch seiner Mutter.

Wenn isch an deiner Sister ihrer Bude bimmel
lutscht die schon bald brav mein' Abwrackpimmel
Yeah, Bitch, mach Happa-Happa bei de Papa
Geht ruhisch na haus ihr rästlische Cocksuckah
Sonst gibt's brutalo auf die Schnauze
schwör isch bei mein alten Oberarschloch seiner Plauze,
da kann deine Gurke noch so hübsch aussehn, meine
Eisenfaust versaut se. Olé»

Fifty Fitforfuck «Ich ficke deine Welt» vom Album
Bukakeparty (2012)

Ja, das musikalische Nervkarussell der Generationen dreht sich immer weiter. Sobald die Pubertät anklopft und das Kind, das ihr nichts Böses ahnend öffnet, damit komplett überfordert ist, wird Musik aufgelegt, die die Eltern nicht ausstehen können. Das ist eben eine Art zu sagen: «He, Leute, hört mal zu, ich kann es zwar selbst nicht vokalisieren und muss mich deswegen auf albern zurechtgemachte Vollidioten verlassen, die damit einen Haufen Kohle einfahren, aber dieses Erwachsenwerden ist ein total blödsinniges Konzept und ich bin irgendwie voll so dagegen ey!»

Das kleine Problem in Torstens Fall ist bloß, dass Fifty Fitforfuck im Gegensatz zu den Sex Pistols unserer Jugend seine frauen- und schwulenfeindlichen Sottisen auf Deutsch «singt» und damit Tante Hedi und Oma Gisela an Heiligabend an den Rand des Herzkaspers bringt, und dieses sogenannte Deutsch in Torstens Fall eher dazu führt, dass er Deutsch verlernt, während wir uns damals wenigstens ein bisschen Englisch draufschaffen konnten – wenn auch mit sehr nasaler und feuchter Aussprache.

Der Trick: Der Lebensrapper

Von Hanna (35), Bürokauffrau, für ihren Sohn Torsten (14)

Gucken wir doch mal, was passiert, als Torsten das neue Fifty-Fitforfuck-Album in den Player wirft, den Lautstärkeregler auf 11 dreht, und plötzlich eine seltsam lächelnde Mama Hanna ins Zimmer spaziert kommt.

TORSTEN, in Erwartung einer weiteren Standpauke: «Issen?»

HANNA: «Ist das das Neue vom Fifty? ‹Euterei auf der Bounty›?»

TORSTEN: «Hä? Äh ... ja, genau.»

HANNA: «Hmm, gar nicht schlecht.»

TORSTEN: «WAS?»

HANNA: «Ich weiß, ich war immer ein bisschen untolerant deiner Musik gegenüber. Das tut mir leid. Und deswegen hab ich uns DAS hier besorgt!» Sie holt zwei Konzerttickets hervor und schwenkt sie stolz.

TORSTEN: «Und was ist DAS?»

HANNA: «Na, Karten für Fiftys Auftritt nächsten Monat im Kaiserkeller. Wir beide gemeinsam. Tierisch abrappen zu Fiftys Hooks und Stylez, sagt man das so? Abrappen?»

TORSTEN: «Nee.»

HANNA: «Na klar, guck mal, der ist doch eigentlich echt tanzbar!»

Hanna versucht sich jetzt an ein paar Hip-Hop-Moves samt seltsam abgespreizten Händen vorm Körper und schaufelnden Armbewegungen, während sie kläglich «Yo! Yo!» krächzt. Es ist erbärmlich, und Torsten wird ganz anders, wenn er sich vorstellt, wie auf dem Fitforfuck-Konzert alle über die «bewegungsgestörte Halbleiche» tuscheln, die sich jeden Augenblick als seine eigene Mutter outen könnte.

TORSTEN: «Mama, geht's dir gut?»

HANNA: «Das Poster da, wo der Fifty mit diesen barbusigen Schönheiten im Whirlpool sitzt. Wo hast du das her? Ich glaube, das würde sich auch ganz gut in meinem Schlafzimmer machen, was meinste?»

Torsten rennt mit glühenden Ohren aus dem Zimmer.

Lange Rede, kurzer Sinn: Bald verstauben die Fitforfuck-Alben unter Torstens Bett, und er hört wieder Miley Cyrus, weil Mama dabei so schön leidend das Gesicht verzieht. Hanna hingegen ist ziemlich stolz auf ihre Verstellungskunst. Nur manchmal wundert sie sich noch leicht darüber, dass sie in der Mittagspause im Büro nebenher den einen oder anderen Fitforfuck-Song auf Youtube anklickt. Der ist eigentlich gar nicht so übel.

93. Türen knallen 1

Maximilian (14) ist mal wieder zu faul, den Griff der Küchentür in die Hand zu nehmen und die Tür leise zu schließen. Er schleudert sie lieber mit Schmackes zu und erfreut sich an dem lauten Knall. Seine Mutter Mechthild, seine Tante Petra und sein Vater Hubert sitzen am Tisch, schrecken hoch wie nicht ganz schussfeste Hunde und bellen im Chor empört: «Heyyy!» Aber mit «Heyyy!» scheinen die pädagogischen Möglichkeiten noch nicht erschöpft zu sein, denn Hubert ruft laut hinter Maximilian her: «Freundchen!»

Na, also, das ist doch mal etwas. Bei dem Wort «Freundchen» denkt sich doch nun wirklich jeder Jugendliche: «Moment, da habe ich etwas falsch gemacht. Denn diese Verniedlichungsform von ‹Freund› ist nicht wie bei Schatz und Schätzchen eine abso-

Rezept *für einen leckeren Familienstreit*

- 100 Kilogramm Vater, schön dünnhäutig
- 45 Kilogramm Sohn, recht widerborstig
- eine frisch gestrichene Küchentür

Alles zunächst im eigenen Saft schmoren lassen, dann aufkochen, bis einer schreit.

Mit einer ordentlichen Prise Pfeffer im Arsch zeigen, wo der Frosch die Locken hat.

Kurz bevor alles schwarz vor Ärger wird, mit etwas guter Mutter bestreichen.

Guten Appetit!

lut lieb gemeinte. Sie ist eine – wenn auch im Kern gut gemeinte – Drohung. In Zukunft werde ich das Türenknallen wohl besser unterlassen, um Vaters Nerven und Türen zu schonen.»

Na ja, fast, Maximilian denkt: «Selber Freundchen!»

Dann aber poltert Hubert los: «Die Tür ist frisch gestrichen! Da fällt ja gleich der Lack wieder ab!» Diese Information landet überall, aber nicht bei Maximilian.

«Max hört nicht auf dich», schmunzelt Petra. Das ist genau das, was Hubert jetzt braucht, eine süffisante Bemerkung seiner Schwägerin, die seine für jeden sichtbar ausgehöhlte Autorität auch noch benennt. «Ich war das letzte Mal vor vier Wochen hier», fährt Petra fort, «da hat er die Türen auch schon so zugeknallt, dass man taub wird. Macht dir das als Zimmermann eigentlich nichts aus? Du liebst doch Holz, oder? Tut dir das nicht in der Seele weh?»

Was ist nur aus dem Begriff «kollektive Erziehung» geworden? War es nicht mal so, dass möglichst viele sich an der Erziehung eines Kindes beteiligen sollten, statt abseits zu stehen und ein gelegentliches Versagen zu bespötteln? Ihren Beitrag leistet Petra aber trotzdem, und zwar durch ihre Bemerkung über das Taubwerden. Da hat es bei Hubert «Klick» gemacht. Oder besser gesagt, es hat «Trick» gemacht:

Der Trick: Taube Nüsse brauchen keine Hi-Fi

Von Hubert (47), Zimmermann, für seinen Sohn Maximilian (14)

Hubert verlässt wortlos die Küche und geht zu Maximilian, der gerade auf seinem Bett liegt und Musik hört. Hubert zieht den Stecker aus der Steckdose, nimmt Boxen und Anlage mit und sagt: «Das brauchst du nicht. Du bist ja taub.» Dann geht er mit der Hi-Fi-Anlage aus dem Zimmer. Maximilian sitzt da, wie vom Donner gerührt: «Was ist jetzt?»[23]

In der Küche erfährt Maximilian später den Grund für diese Guerilla-Aktion seines Vaters: «Wenn du wieder hören kannst, bekommst du deine Anlage zurück.»

«Was soll 'n das? Ich kann gut hören.»

«Nein, du hörst ja noch nicht mal, wie die Tür knallt. Wie willst du dann den feinen Musiksound aus deiner Anlage hören? Nein, die Anlage bleibt verschlossen.»

Maximilian nimmt die Türklinke der Küchentür in die Hand

23 Keine Sorge, Maximilian, bestimmt denkst du darüber bald so wie Mark Twain, der sagte: «Als ich vierzehn war, war mein Vater so unwissend. Ich konnte den alten Mann kaum in meiner Nähe ertragen. Aber mit einundzwanzig war ich verblüfft, wie viel er in sieben Jahren dazugelernt hatte.»

und macht die Tür gaaaanz langsam, übertriiiiieeeben laaangsam zu.

Am nächsten Tag bekam er, auch dank der Vermittlung seiner Mutter, die Hi-Fi-Anlage wieder zurück.

94. Türen knallen 2

Ludwig hasst Türenknallen. Klar, das ist sein Job, er ist Vater, aber Ludwig hasst Türenknallen ganz besonders. Erstens, weil er sehr schreckhaft ist, zweitens, weil er dann unweigerlich immer sofort darauf wartet, dass ein Riesengeschrei losgeht und er ein paar abgetrennte Finger aufsammeln darf, um dann mit einem verstümmelten Kind (oder Nachbarskind) per Bleifuß in die nächste Notfallchirurgie zu rasen. Er selbst hatte seine Griffel mal dazwischen, als seine Frau die Autotür zugeknallt hat, deshalb weiß er, wie brutal weh das tut. Und das war wie gesagt nur Ludwigs Angetraute, die wirft im Gegensatz zu Söhnchen Hagen Türen noch ziemlich halbherzig und lustlos ins Schloss.

Wenn Hagen hingegen wieder mal einen akuten ADHS-Anfall hat, sprintet er durchs Haus wie Donnergott Thor und knallt wahllos alles zu, was offen steht. «Wenn ich früher einen ADHS-Anfall hatte», polemisiert Ludwig, «dann hat mir mein Vater eine geknallt, und ich war sofort wieder gesund.» Aber die Zeiten haben sich zum Glück geändert, heute müssen Eltern schon von Gesetzes wegen subtiler vorgehen, und deswegen hat Ludwig Folgendes gemacht:

Der Trick: Tag der offenen Tür

Von Ludwig (45), Fahrradladenbesitzer, für seinen Sohn Hagen (12)

Nachdem der Morgen wieder mit feierlichem Türenknallen begangen wurde, hängt Ludwig einfach kurzerhand Hagens Zimmertür aus. Er macht ihm jetzt radikal klar, dass das nun mal die Tür sei, die am meisten rumsen würde, und deswegen müsse sie leider gehen. Hagen findet das zuerst noch ganz lustig. Er kann schließlich auch anders nerven und versucht, den Verlust mit übertrieben lautem Zuschmeißen seiner Schranktüren und Schubladen zu kompensieren. Dann dreht er noch extralaut seine Highschool-Musical-Musik auf, aber Papa und Mama erscheinen plötzlich in der offenen Tür und tanzen extralocker mit. Das ist so was von demütigend. Hin und wieder flanieren sie auch mal mit Freunden oder Nachbarn an Hagens nun für alle einsichtbarem Gehege vorbei, und Ludwigs alter Kumpel Hans-Jörg hat sogar den brillanten Einfall, dem «kleinen Äffchen» ein paar Erdnüsse ins Zimmer zu werfen.

Ein Spaß für die ganze Familie, doch während alle anderen immer mehr lachen, lacht Hagen immer weniger. Und mit offener Tür kann er auch nur ganz schlecht einschlafen, ja, er hat plötzlich sogar richtiggehend Schiss davor, dass die nicht mehr vorhandene Barriere zur Außenwelt bösartige Einbrecher geradezu einlädt. Bereits am nächsten Abend bettelt Hagen deswegen, dass Ludwig seine Tür doch wieder einhängen möge, er würde sie auch «nieee, nieee, wieder zuknallen». So ganz hält er das natürlich nicht durch. Aber generell knallen die Türen im Haus nun eindeutig weniger, und meistens ertönt danach sogar ein hektisch gefieptes «'tschuldigung!». Das ist besonders rührend für Ludwig.

95. Geh mir nicht auf den Löwenzahn

«Ich fühle meine innere Ruhe und Gelassenheit», wiederholt Verena ihr Mantra. «Ruhe und Gelassenheit», murmelt sie immer wieder in sich hinein, als sie daheim am Schreibtisch sitzt und verzweifelt versucht, sich auf ihre Immobilien-Kalkulation zu konzentrieren. «Ich nehme die Außenwelt nicht wahr, ohm, ohmm, ohmmm ... AAAHHH! JETZT HÖRT AUF HIER RUMZUTOBEN, VERDAMMT NOCH MAL! GEHT DRAUSSEN SPIELEN!»

Da gucken ihre Kinder sie mit großen Augen an, und Verena guckt mit großen Augen zurück. Ist da eben das ganze Geld für die unzähligen Yoga-Buddha-Qigong-Ohm-Dingdong-Entspannungskurse, die sie seit Jahren besucht, durch den Schornstein gerauscht? Na ja, Buddha hat zwar bis zur Erleuchtung meditiert, denkt Verena, aber Buddha hatte auch nicht meine Kinder.

«Der Elias hat mich gehau'n.»

«Gar nicht, die Thea hat mein Auto geklaut.»

«Hab ich nicht.»

«Hast du doch.»

«Hab ich nicht.»

«Hast du doch.»

«Hab ich nicht.»

«Jetzt haltet endlich die Klappe!», hätte vermutlich selbst Buddha gerufen. Wie auch immer. Die Frage ist: Wie beschäftigt man Kinder, denen «laaaangweilig» ist, wie sie selbst sagen, und die sich deshalb die ganze Zeit streiten wie blöde? Buddhismus hat Verena ausprobiert, jetzt versucht sie es mit Kapitalismus.

Der Trick: Samenbank[24]

Von Verena (39), Immobilienmaklerin, für ihre Kinder Thea (7) und Elias (9)

«Kinder, guckt doch mal da draußen im Garten», sagt Verena und deutet von der Terrasse aus auf ihr Blumenbeet. «Da weht vom Nachbargarten der Löwenzahn-Samen zwischen unsere schönen Blumen. Und wenn der Löwenzahn wächst, macht das die Blumen kaputt. Ihr könntet doch mal den Samen aufsammeln, der hier so herumfliegt, ja?»

«Öhh, neee», meint Elias.

«Zwanzig Cent gibt's für jeden eingefangenen Samen», sagt Verena.

«Was? Ja, geil», Elias stürmt mit seiner Schwester los.

«Aber nur, wenn ihr euch vertragt. Das Geld wird durch zwei geteilt, klar?», ruft Verena noch hinterher.

Es ist für sie herrlich mit anzusehen, wie die beiden den fliegenden Samen hinterherhechten. Damit sind sie erst mal beschäftigt, und Verena kann in Ruhe arbeiten. Wunderbar, wenn ein Plan aufgeht und dann auch noch pädagogisch wertvoll ist. So lernen die Kinder unser ökologisches und unser ökonomisches Wertesystem sehr gut kennen.

Nachtrag:

Der Beschäftigungstrick hat funktioniert. Aber am nächsten Tag, an dem die Kinder mal zwanzig, dann mal dreißig Samen fingen, schaute Elias durch den Bretterzaun in den Nachbargarten und sah die Quelle der Samen: die Pusteblumen. Er schlich sich in den Garten, knickte ein paar Pusteblumen ab, schüttelte die Samen in seine Hand und trug sie davon. Ein paar Samen gab er seiner Schwester, Schweigegeld.

24 Es ist nicht, was Sie denken.

«Oh, meine Güte, das müssen ja ... hundert sein», staunte Verena.

«20 Euro, oder?», sagte Elias trocken.[25]

«Dann krieg ich zehn», meinte Thea, «davon kauf ich mir eine große Tafel Schokolade, die größte.»

Verena bezahlte die beiden, und sofort rannten sie wieder los. Verena überlegte: Ganz schön teuer erkauft, meine Ruhe, aber okay.

Am nächsten Tag entdeckte Elias eine große Wiese im Ort, die mit Pusteblumen übersät war. Er kam mit einer Plastiktüte und seiner Schwester im Schlepptau von der Wiese zurück. Die Tüte war randvoll mit Samen. «Das müssen ja Tausende sein», stutzte Verena und überlegte, ob sie eine Hypothek auf ihr Haus aufnehmen müsse, um die Schulden zu bezahlen. Nicht auszudenken, hätten die Kinder mit ihr einen ihrer Immobilienverträge gemacht. Gott sei Dank fiel ihr dann aber doch noch ein, mal nach dem Ursprung zu fragen: «Aber sind die auch von hier?»

Thea und Elias schauten einander an. «Nee», sagte Thea, «Jaa», log Elias.

«Aha, also nicht, na, dann muss ich nicht bezahlen, ich bezahl ja nur die von hier.»

Gerade entspannte sich Verenas Gesicht zu einem lockeren Grinsen, da stülpte Elias die Tüte um und alle Samen wehten durch den Garten: «Jetzt hab ich keine Lust mehr, wenn's kein Geld gibt.»

Aber Thea freute sich: «Jetzt sind sie ja von hier, dann sammle ich. Das wird die größte Schokolade, die es gibt.»

25 Elias steht in Mathe auf 4, also ausreichend. Das ist gut genug. Denn eine 4 reicht offenbar aus, um andere zu bescheißen.

96. Ruhestörung vor Gericht

«Mozarts Adagio, Köchelverzeichnis 622, das Konzert für Klarinette verströmt einen so wunderbar weichen Wohlklang», schwärmt Henriette.

«Mo-zart? Klingt voll schwul», meint der vierzehnjährige Niklas.

Nein, Niklas ist kein diskriminierendes Arschloch. Death-Metal-Fans wie er sind butterweich und nett, sie reden halt so. Am liebsten recken sie die Hand zur Pommesgabel (kleiner Finger und Zeigefinger nach oben) und grölen dazu wie ein afrikanisches Flusspferd, dem man gerade mit Schmackes ins Untenrum getreten hat. Dazu drehen sie die Lautstärke an ihrer Hi-Fi-Anlage so weit auf, bis der Bass die Gullydeckel zwei Straßen weiter zum Hüpfen bringt.

Genauso macht es auch Niklas, als er abends mit seiner Schwester Carlotta (12) allein zu Hause ist. Natürlich versucht Carlotta nicht, Death-Metal-Niklas mit Argumenten vom Leisesein zu überzeugen. Sie zückt ihre stärkste Waffe: Selena Gomez, und dreht voll auf.

Um exakt 22 Uhr 45 betreten die Eltern dieses Concerto Diaboli. Was Carlotta und Niklas nicht bemerkt haben: Zwischen die Bässe ihrer Songs hat sich ein unrhythmisches Pochen, Klopfen und Schreien gemischt. Das ist der offenbar recht unmusikalische Nachbar. Aber wenn schon beschweren, dann doch bitte im Takt.

Der Trick: Justitia ist blind, aber nicht taub

Von Henriette (51) und Klaus (53), Unternehmer, für Niklas (14) und Carlotta (12)

Henriette und Klaus glauben nicht mehr, dass es in Frankreich noch Rotwein gibt. Schließlich haben sie bei jeder Ruhestörung der Kinder dem Nachbarn ihrer Doppelhaushälfte eine Flasche zur Entschuldigung gebracht. Vielleicht auch, damit er sich besäuft und nicht mehr hinhört. Leider ohne Erfolg. So bleibt nur der letzte Trick von Henriette und Klaus: Familiengericht. Im Wohnzimmer stellt Henriette die Tische und Stühle so wie im Gerichtssaal auf. Henriette ist die Richterin, Klaus der Staatsanwalt, die Beklagten müssen sich selbst verteidigen. Das Besondere an dem Trick: Der Kläger ist auch anwesend. Der Nachbar, Herr Melters, bekommt für seinen Dienst an der Gerechtigkeit zwei Flaschen Bordeaux. Dass der Nachbar auch anwesend ist, lässt selbst bei Death-Metal-Fan Niklas ketchuprote Ohren sprießen, um mal im Pommesbild zu bleiben. Carlotta nimmt die Sache noch recht gelassen, bis zur Prozesseröffnung.

Klaus, der Staatsanwalt, beginnt: «Den anwesenden Angeklagten Niklas und Carlotta wird zur Last gelegt, am gestrigen Tage gegen 22 Uhr 30 ...»

«Ab 22 Uhr!», unterbricht der Kläger. «Das war ja das Schlimme. Die fangen genau dann an, wenn Ruhe sein muss.»

«Gut, also ab 22 Uhr», fährt der Staatsanwalt fort, «die Ruhe mit lauter Musik gestört zu haben.»

In dieser Art wird der Prozess fortgeführt. Die Angeklagte Carlotta macht geltend, dass sie ja in diese Situation gedrängt wurde, also aus Notwehr gehandelt habe.

«Petze», ruft Niklas, dem das einen Ordnungsruf der Richterin einbringt, die dabei mit ihrem Schnitzelhammer (kein Witz) auf ein Brettchen schlägt. Zu viele Nachmittagsserien können einen aber auch fertigmachen, oder Henriette?

Die Angeklagten beteuern ihre Unschuld und verlangen Freispruch. Begründung: «war nicht so gemeint». Das müsste man bei einem ordentlichen deutschen Gericht doch wirklich mal als Begründung gelten lassen. Aber die erdrückende Beweislage, der immer noch nüchterne Kläger, die beiden Zeugen, die ja auch noch Richterin und Staatsanwalt in Personalunion sind und damit besonders vertrauenswürdig, lassen dem Gericht wenig Spielraum.

Und so ergeht folgendes Urteil: Die Angeklagten Niklas und Carlotta haben sich der wiederholten Ruhestörung schuldig gemacht und werden für jede Stunde der Ruhestörung – das Gericht kommt auf insgesamt vier – zu Gartenarbeit verpflichtet. Vier Stunden Gartenarbeit, damit, so die Begründung des Gerichts, die beiden Angeklagten durch die Sauerstoffzufuhr bei körperlicher Arbeit ein feineres Gehör entwickeln und ihr Erinnerungsvermögen für Ruhezeiten aufgefrischt wird.

Der Trick klappte wunderbar. Die beiden wurden schon bald in ein Resozialisierungsprogramm aufgenommen und dürfen wieder Musik hören. Etwas leiser und vor 22 Uhr.

Nachtrag:

Drei Wochen später. Niklas und Carlotta kamen gemeinsam zum Frühstückstisch, stellten sich nebeneinander auf und sagten, sie hätten etwas Wichtiges mit ihren Eltern zu besprechen. Henriette und Klaus horchten auf. Letzte Nacht, so die beiden, seien sie um ungefähr 23 Uhr im Schlaf gestört worden. Und das, weil, Zitat: «Ihr so laute Sexgeräusche gemacht habt». Die beiden fordern: Familiengericht! Henriette und Klaus konnten noch so eben verhindern, dass der Nachbar als Zeuge geladen wurde. An der Gartenarbeit allerdings kamen sie nicht vorbei. Wenn sie auch nur eine halbe Stunde zu laut waren. Vier Stunden, so Henriette, das war einmal.

97. Telefonblockade

Stuart, gebürtiger Brite und stolz darauf, lebt seit mittlerweile 28 Jahren in Deutschland und ist davon bereits 16 Jahre mit einer Deutschen verheiratet. Seit 14 Jahren teilt zudem eine der «wenigen gelungenen deutsch-britischen Koproduktionen» die gemütliche Altstadtwohnung von Stuart und seiner angeheirateten Teutonin, nämlich Töchterchen Susi. Auch wenn Stuart es also ganz und gar nicht bereut, seiner kleinen Insel damals den Rücken gekehrt zu haben, so gibt es doch einen winzigen Wermutstropfen, und that would be Susis Telefonsucht. 83 Prozent des Tages und 92 Prozent der Nacht hängt sie an der mittlerweile schon seit vielen Jahren nicht mehr vorhandenen Strippe und quasselt «as if she was bitten by Dame Edna».

Nun ja, nur wenige Menschen unseres Kulturkreises können mit Stuarts populärkulturellen Anspielungen etwas anfangen, aber das ist nicht das Einzige, was ihm schwer zu schaffen macht: Blockiert Susi doch mit ihrer akuten Telefonitis meistens das Festnetztelefon, das von Stuart jobtechnisch ebenfalls oft dringend gebraucht wird, weil er nämlich in einem «fucking German Funkloch» lebt. Ein Umrüsten auf TDSL käme für den ehrbewussten Stuart dennoch einer Kapitulationserklärung gleich, vor allem, weil es für Susi ja geradezu ein Freifahrtschein wäre, weiterhin die ganze Nacht hindurch ihren Freundinnen einen «Cauliflower ans Ohr zu nailen», anstatt endlich mal zu schlafen oder für Deutsch zu üben, da steht sie nämlich nur auf Vier minus, God knows why, von ihm hat sie's nicht.

Der NSA-Skandal hat Stuart nun aber auf eine Idee gebracht, die zwar so ganz und gar nicht die feine britische Art ist, aber immerhin den Untertitel «NICHT GANZ LEGALE Erziehungstricks» dieses Buches rechtfertigt.

Der Trick: Big Poppa is listening to you

Von Stuart (51), Musik-Manager, für seine Tochter Susi (14)

Stuart benutzt dazu bequemerweise sein kleines USB-Digital-Diktiergerät, das er einfach auf Aufnahme stellt und beim Gute-Nacht-Sagen schnell in Susis Zimmer versteckt, und zwar an einer Stelle, an der sie es nie und nimmer finden kann, nämlich unter ihren Schulbüchern. Susi hat davon nichts mitbekommen, weil sie gerade mit ihrer besten Freundin Pina telefoniert. Als Susi am nächsten Morgen in die Schule aufbricht (da geht sie immer gerne hin, weil der Handy-Empfang da so toll ist), macht Stuart sich eine gemütliche «Audiobook-hour» mit Susis Telefonat der vergangenen Nacht. Sein Gewissen belastet ihn dabei kaum, schließlich hat Susi doch selbst diesen unbezwingbaren Mitteilungsdrang, und es ist ja auch nicht so, als würde er ihr geheimes Tagebuch lesen.

Als das Töchterchen dann wieder zu Hause ist, stattet ihr Stuart einen Besuch in ihrem Zimmer ab und bittet sie mit ernster Miene, kurz mal eine Pause im Quasselmarathon einzulegen. Einige Menschen in der Nachbarschaft hätten ihn nämlich darauf angesprochen, dass sie aufgrund «seltsamer Interferenzen» Susi und ihre Freundinnen ungewollt beim Telefonieren belauschen könnten, wenn sie gerade am Apparat seien. So hätte sich beispielsweise Frau Schneider aus dem 5. Stock ausdrücklich dafür ausgesprochen, dass Susi die Fünf in Deutsch ihren Eltern doch unbedingt mitteilen solle, und der Vater von Gernot aus der Schwalbenstraße fühle sich sehr geschmeichelt, dass Susi seinen Sprössling «total obersüß» findet, befürchte aber, dass dieser sich sexuell eher zum eigenen Geschlecht hingezogen fühlt. (Hier hat Stuart zu Recht mal ein schlechtes Gewissen, hat er sich das doch nur ausgedacht, weil er den aufgeblasenen Schnösel für den komplett falschen Umgang für seine Prinzessin hält.) Susis Kopf sieht jetzt jedenfalls aus wie eine «very big tomato», und auch wenn ihr Mündchen offen steht wie immer, so kommt doch zur Abwechslung mal kein Ton heraus. Fortan trifft sich Susi lieber persönlich mit ihren Freundinnen, um Privates zu besprechen, und Stuart lebt plötzlich in einer «wonderfully utopian world», wo ständig der kleine König Festnetztelefon auf der Basisstation thront, wenn er ihn braucht.

Anmerkung:

Die Autoren können Stuarts Verhalten nicht gutheißen, aber sie haben sich dennoch im Sinne der Komplettierung dazu entschlossen, diese fragwürdige Vorgehensweise in den Trickkanon aufzunehmen (und außerdem im Internet zwei digitale Diktiergeräte à 18,06 Euro zu bestellen, denn man kann ja nie wissen).

98. Peinliches Reden

Eva sitzt mit ihrem achtjährigen Sohn Gabriel im Wartezimmer ihres Internisten. Gabriel, dessen sprachliche Fähigkeiten von allen hoch gelobt werden, ist voll in seinem Element. Er redet und redet und redet. Und er redet am meisten über Dinge, die die Leute im Wartezimmer überhaupt nichts angehen. Das zeigt mal wieder, dass man die Fähigkeiten von Kindern immer auch kritisch sehen kann. Manchmal ist es einfach besser, wenn Kinder nicht so viel können, sonst müssen sich die Eltern ganz schön was einfallen lassen, so wie Eva hier:

Der Trick: Mit vollem Mund spricht man nicht

Von Eva (47), Richterin, für ihren Sohn Gabriel (8)

99. Naseweise Lügner

«Wirf noch 'n Stein auf das Dach, das is' Panzerglas, das hält, hier guck, ich werf den dicken hier und ... oh, is' doch kein Panzerglas.» Jakob guckt seinen Bruder Emil erstaunt an.

«Nee, is' kein Panzerglas», meint Emil mit fachmännischem Blick, «sonst wär kein Loch drin. Hab ich dir doch gesagt. Wieso soll Papa auf den Carport Panzerglas machen?»

«Na ja, jetzt wissen wir's genau.»

Jakob (7) und Emil (5) schleichen von der kleinen Anhöhe weg, von wo sie die Steine auf das Plexiglasdach des Carports geworfen haben. Jakob geht unauffällig in sein Zimmer, aber Emil macht einen großen Fehler: Er hilft seiner Mutter beim Ausräumen der Spülmaschine. «Wieso willst du mir helfen?»

«Nur so.»

«Was hast du gemacht? Sag schon!»

«Nichts, was denn?»

«Ach du lieber Gott, ist es so schlimm?»

«Dann geh ich eben, wenn ich nicht helfen soll.»

Und schon ist Emil in seinem Zimmer verschwunden.

Petra ruft ihren Bruder, der gerade zu Besuch is, und bittet ihn zu prüfen, ob irgendwo etwas kaputt gegangen ist. Wolfgang kennt seine beiden Neffen gut. Sie sind die Kinderversion der Stiftung Warentest. Jedes Produkt wird mit allen erdenklichen Mitteln geprüft, bis es kaputt ist. Dann gibt's ein Mangelhaft, und weiter geht's. So findet er auch schnell das Loch im Carport-Dach. «Das ist Plexiglas, Petra, das kostet nicht die Welt, ich mache das schon mit den beiden.»

Petra ist sehr dankbar, sie möchte ihre Söhne heute nicht schon wieder anschreien, ihre Stimme hält den Eskapaden der beiden inzwischen nicht mehr stand: «Sie sollen es nur einmal zugeben, dann bin ich schon zufrieden.»

«Das kriege ich schon hin, keine Bange.»

Der Trick: Lügen haben rote Nasen

Von Wolfgang (57), Elektriker, für seine Neffen Emil (5) und Jakob (7)

«Hört mal, man kann ja mal Scheiße bauen, aber man muss auch dazu stehen.» Wolfgang hat keinen Erfolg mit diesem Appell an das Gewissen von Emil und Jakob.

Die beiden gewissenhaften Warentester leugnen: «Weiß nicht, was meinst du denn? Keine Ahnung.»

«Gut, dann hole ich jetzt die Lügensalbe.»

«Lügensalbe?», fragt Jakob verunsichert nach. «So was gibt's doch gar nicht.»

«Aber ja, ihr werdet es gleich erleben, dann werden wir sehen, ob ihr es wart.»

Kaum ist Wolfgang aus dem Zimmer gegangen, hört er nervöses Tuscheln zwischen den Jungs, wobei Jakob, der ältere, Emil immer wieder zur Standhaftigkeit ermahnt: «Pinocchio hat vom Lügen auch keine lange Nase bekommen, und so was wie Lügensalbe gibt es nicht!»

Da kommt Wolfgang mit je einem Tupfer weißer Salbe auf beiden Zeigefingern zurück.

«Das gibt's nicht, so was», schüttelt Jakob den Kopf.

«Halt still!», Wolfgang tupft beiden Salbe auf die Nasenspitze. «Und Finger weg von der Nase!»

So sitzen die zwei jetzt nicht mehr ganz so naseweis da mit ihren weißen Nasen.

«Also, Jungs, ihr wisst es, man sieht es einem an der Nasenspitze an, wenn man lügt. Verratet ihr mir jetzt, wer die Steine auf das Glasdach geworfen hat?»

«Wir nicht.»

«Nee, echt nicht.»

«Gut, wie ihr wollt, ich gebe euch fünf Minuten Bedenkzeit.»

Die beiden nicken, kommen sich ein bisschen blöd vor mit der Salbe auf der Nase, aber schließlich haben sie auch Angst, entdeckt zu werden. Dann nimmt Wolfgang ein Papiertuch und wischt beiden die Salbe ab. «So, und jetzt guckt mal in den Spiegel.

«Ahh, das gibt's ja nicht!» Die beiden kommen ganz erschrocken zurück.

«Total rot die Nase!», ruft Jakob empört.

Wolfgang guckt die beiden ernst an und sagt: «Eine rote Nasenspitze bekommt man vom Lügen, die Lügensalbe kriegt das immer raus. Ihr wart das mit dem Dach, das ist erwiesen!»

«Ja, stimmt, aber nicht mit Absicht, wir dachten, das wär Panzerglas, is' es aber nicht.»

«Panzerglas? Das ist Plexiglas! Ihr seid mir schon zwei Experten.»

Mit diesem Ermittlungsergebnis geht Wolfgang zu seiner Schwester. Die lacht sich kaputt: «Was war das denn für eine Salbe?»

«Rheumasalbe, für'n Rücken. Damit wird die Haut gut durchblutet – und rot.»

«Ach ja», fällt Petra ein, «die hab ich dir doch mal an den Hals geschmiert, damit der Knutschfleck von deiner kleinen Affäre wegging, tolle Salbe. Damit kann man vertuschen und entlarven.»

«Ich frag mich», grinst Wolfgang, «ob die auch bei Rückenschmerzen hilft. Dafür hab ich die noch nie benutzt.»

100. Kurze Beine lügen lang

«Valerie. Valeriehie! Valerieeee!», ruft Martina ihre fünfjährige Tochter.

«Was ist?»

«Wo ist mein Handy?»

«Weiß nicht.»

«Ich hab dir doch gesagt, ich brauche mein Handy beruflich, hast du wieder mit meinem Handy gespielt?»

«Nein, habe ich nicht.»

«Lüg mich nicht an. Hast du es aus dem Schlafzimmer geklaut?»

«Nein! Ich hab das nicht geklaut, ich hab das da weggefunden!»

«Weggefunden? Was heißt das? Also hast du es doch gehabt?»

«Nein.»

«Valerie, du sollst nicht lügen! Henry, jetzt hilf mir doch mal!»

Der Trick: Wer lügt, riecht aus dem Mund

Von Henry (47), Künstler, für seine Tochter Valerie (5)

Henry: «Valerie, wer lügt, riecht aus dem Mund. Wusstest du das? Und es müffelt hier ziemlich.»

Martina schüttelt ungläubig den Kopf, um aber im gleichen Augenblick auf das verlogene Spiel ihres Mannes einzugehen, sagt sie: «Ja, das stimmt, es riecht ein bisschen streng, aber nicht viel.»

Valerie guckt die beiden mit großen Augen an: «Das riecht man?»

«Ja, aber es ist bei dir nicht schlimm, Valerie, es ist ja nur eine kleine Lüge», beruhigt Henry sie. «Du sollst halt nur nicht mehr Mamas Handy zum Spielen nehmen, weißt du, das letzte Mal hast du aus Versehen eine wichtige Nachricht gelöscht.»

«Ist gut, mach ich nicht mehr.»

Der kleine gemeine Trick hat funktioniert. Aber viele Eltern stellen sich bei diesem Trick (und anderen) vermutlich die Frage: Darf man Kinder anlügen? Wir erlauben uns da kein Urteil, wir möchten nur einmal feststellen, wie oft Kinder angelogen werden und wie oft wir das überhaupt nicht merken. Hier die Klassiker der Elternlügen:

– «Wenn du nicht mitkommst, gehe ich jetzt allein nach Hause.»
– «Das hast du wirklich sehr schön gemalt.»
– «Wir kaufen das Spielzeug das nächste Mal.»
– «Das hat der Weihnachtsmann gebracht.»
– «Wenn du dich nicht benimmst, wird der Mann dahinten böse.»
– «Dann kauf ich dir ein Eis.»
– «Nein, das tut überhaupt nicht weh.»
– «Davon wird man groß und stark.»
– «Das bekommst du, wenn du groß bist.»
– «Das machen alle Kinder so.»
– «Nur ganz kurz.»
– «Guck mal, da kommt Papa.»

Zum Thema Lügen hier noch ein kurzer Dialog zwischen Henry und seinem elfjährigen Sohn Leon.

Henry: «Du lügst, dass sich die Balken biegen. Aber Lügen haben kurze Beine!»

Leon: «Ja, aber je kürzer die Beine, desto besser kommt man damit doch unter den gebogenen Balken durch.»

Stimmt Leons Theorie? Existiert eine positive Korrelation zwischen Balken und Beinen? Wir haben seine Theorie streng wissenschaftlich dargestellt und sind zu dem überraschenden Ergebnis gelangt: ja.

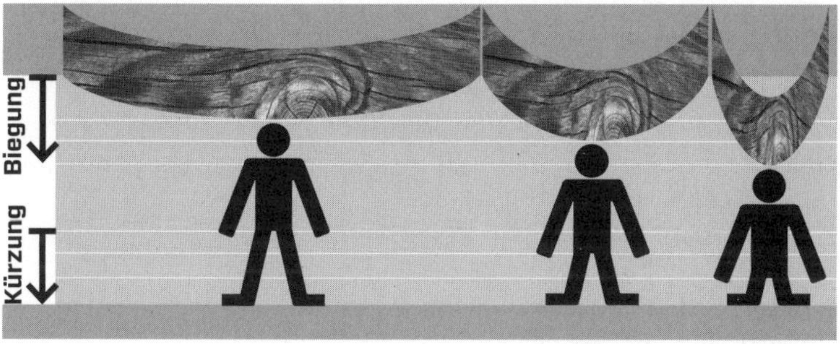

Diese Korrelation ist hier allerdings nur für den Lügner positiv. In einem Raum, in dem gelogen wird, stößt sich der Wahrheitsliebende den Kopf. Das stützt eine These, nach der viele Lügner mit ihren Lügen prima klarkommen und nur die anderen damit ein Problem haben. Das beantwortet allerdings immer noch nicht die Frage vieler Eltern, ob es denn nun gut oder schlecht, richtig oder falsch ist, Kinder anzulügen. Vielleicht sollten wir einfach die Wahrheit nicht mehr lieben als die Kinder. Erwachsenen, die wir lieben, sagen wir schließlich auch: «Zugenommen, du? Quatsch, wer sagt das denn?»

MIX
Papier aus verantwortungsvollen Quellen
FSC® C083411

Das für dieses Buch verwendete Papier ist FSC®-zertifiziert.